A PÉTALA

7 DIAS NAS COLINAS DE TORREGLIA

Paulinas

Dados Internacionais de Catalogação na Publicação (CIP)
(Câmara Brasileira do Livro, SP, Brasil)

Fávero, Carmen Beatriz
  A pétala : sete dias nas colinas de Torreglia / Carmen Beatriz Fávero. – São Paulo : Paulinas, 2013. – (Coleção transcender)

ISBN 978-85-356-3641-3

1. Romance brasileiro I. Título. II. Série.

13-10507   CDD-869.93

Índice para catálogo sistemático:
1. Romances : Literatura brasileira   869.93

1ª edição – 2013
1ª reimpressão – 2018

Direção-geral: *Bernadete Boff*
Editora responsável: *Luzia M. de Oliveira Sena*
Copidesque: *Mônica Elaine G. S. da Costa*
Coordenação de revisão: *Marina Mendonça*
Revisão: *Sandra Sinzato*
Gerente de produção: *Felicio Calegaro Neto*
Capa: *Adriana Ferreira de Brito Zerbinati*
Projeto gráfico: *Telma Custódio*
Foto da autora: *Irma Cipriani*

Nenhuma parte desta obra poderá ser reproduzida ou transmitida por qualquer forma e/ou quaisquer meios (eletrônico ou mecânico, incluindo fotocópia e gravação) ou arquivada em qualquer sistema ou banco de dados sem permissão escrita da Editora. Direitos reservados.

Paulinas
Rua Dona Inácia Uchoa, 62
04110-020 – São Paulo – SP (Brasil)
Tel.: (11) 2125-3500
http://www.paulinas.com.br – editora@paulinas.com.br
Telemarketing e SAC: 0800-7010081
© Pia Sociedade Filhas de São Paulo – São Paulo, 2013

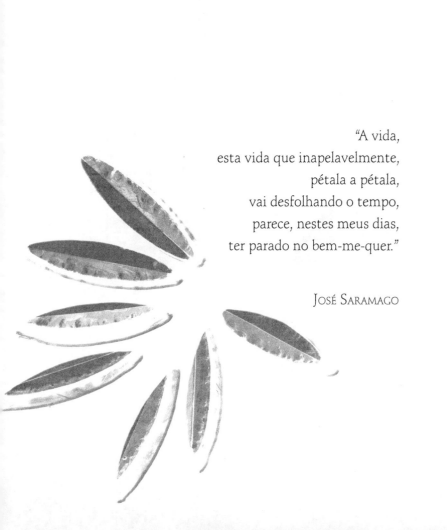

"A vida,
esta vida que inapelavelmente,
pétala a pétala,
vai desfolhando o tempo,
parece, nestes meus dias,
ter parado no bem-me-quer."

José Saramago

A vida não é apenas fruto da terra,
porque os feitos da terra
e os desígnios do céu se espelham.

Cada inovação na terra ressoa no céu
e cada decisão do céu marca a terra.
Se entrar na terra é fluir no movimento do universo,
entrar no céu será a preciosa promessa
de fluir na leveza do espírito.

Dedico este livro a você, leitor,
como pétala do benquerer.

Prefácio

No céu azul, a pétala...

Quando Carmen Beatriz Fávero me deu seu livro para ler, fiquei feliz. Afinal, minha amiga, que tão bem conhece a vida na Itália e trabalhou anos por lá, parecia ter reunido suas crônicas sobre esse tempo – profícuo, porém, agitado, longe da família e dos amigos.

Beatriz sabe que não professo nenhuma religião, que minhas leituras e as delas às vezes divergem. Mas, no caso desta bela obra, eu me enganei. E muito: ela não reuniu crônicas, ela narra uma experiência maravilhosa, espontânea e decisiva, que durou 7 dias, nas colinas da bela Torreglia, na região do Vêneto.

Não precisei ser católica, budista, judia, reformista ou islâmica para me identificar – sem nenhum pudor – com tudo o que leio na obra. Ao contrário, o texto consagra tantos valores assemelhados, tanta doação a partir de sua experiência, que a voz narrativa, firme e doce ao mesmo tempo,

9

nos captura e envolve sem perguntar donde proviemos: é o ouvido que comanda a narração.

Sem meias palavras, Beatriz explica como deixou de lado, por algum tempo, o trabalho, o amor, a realidade cotidiana, e seguiu a necessidade de "silenciar o coração" numa espécie de exílio voluntário de alguns dias.

Como ela mesma diz, este livro não é um diário, não são crônicas, também não é ficção. E não é, certamente, autoajuda. *Pétala: 7 dias nas colinas de Torreglia* é uma experiência de leitura que nos transporta à natureza miúda – aquela que só os olhos femininos captam –, às deliciosas refeições ao anoitecer, ao convívio com personagens inesquecíveis: Dom Vittorio, seu interlocutor favorito, o professor Marcello e a doce Irmã Felícia – representação alegre das pequenas regras do lugar. Pouco importam definições desse espaço; a obra é ecumênica e você, leitor, pode ser até agnóstico.

O que interessa, e aí está a força do relato de Beatriz, é oferecer amor aos amigos, à natureza (à própria e à inventada pela Criação). O que Beatriz nos ensina, sem didatismo nem evangelização, é que podemos assumir responsabilidades pelo nosso próprio contentamento e nossa paz.

Parece incrível, mas depois de ler esta obra, ainda em fim de gestação, só me faltou uma coisa: seguir o caminho da pétala nas colinas de Torreglia e estar com aquelas pessoas. Para dizer depois de 7 dias: "Bia, obrigada, também comecei a me encontrar comigo".

Márcia Lígia Guidin

Mestre e doutora em Letras pela USP. Professora titular aposentada de Literatura Brasileira. Editora, autora de ensaios e obras críticas. Membro oficial da Comissão Curadora do Prêmio Jabuti e membro titular da Academia Paulista de Educação.

Um pouco de mim

O avião deixara São Paulo num verão tropical de trinta e sete graus positivos. Doze horas depois aterrissava em Roma numa fria manhã de inverno sob a temperatura de seis graus negativos. Eu chegava com um contrato de trabalho, assinado por dois anos, como secretária bilíngue numa agência da Telecom. Praticamente, estava mudando para além-mar. Roma dormia sob um cobertor de neve, enquanto eu despertava velhos sonhos.

Meus avós, imigrantes italianos, costumavam contar histórias pitorescas, grandes façanhas, curtir fotos e lembranças da longínqua pátria, a bela Itália. Cresci sonhando conhecer a terra de sopranos, de poetas, de piratas e da boa gastronomia. Assim que pisei o chão, essas alegres reminiscências explodiram. E o primeiro momento em Roma foi para mim um tempo mágico, que me lançou para o alto, leve, confiante, enxergando o novo mundo como se fosse meu cantinho exclusivo de sonhos e delícias.

Deixei-me levar pela alegria do imaginário infantil. Bem-me-quer, malmequer, bem-me-quer... Assim eu fazia as pequenas escolhas de criança. Uma margarida, ou qualquer outra florzinha da espécie, era minha cigana na orientação do caminho a seguir. Eu e minha irmã, pouco mais velha, aprendêramos a tirar a sorte com a ajuda de uma simples flor. Lavar uma louça ou limpar um sapato, cuidar do animalzinho ou ir até o mercado; quase tudo era negociado com a dona Margarida. Quem vai fazer isso? E a decisão cruciante era resolvida assim: passávamos pelo jardim – de que mamãe cuidava tanto quanto da sala de visita– e degolávamos uma margarida. Escondidas, em algum cantinho, a flor envolta pelas mãozinhas em forma de nicho, a vítima era sacrificada, pétala por pétala: bem-me-quer, malmequer, bem-me-quer... A última era a carta cigana. O resgate de minha alma criança dava-me, agora, a sensação de estar com a pétala da sorte em minhas mãos.

Na época, mamãe nem sequer tinha ideia dessa nossa superstição ou quase religião. Nasci num berço cristão, e os fatos eram lidos em clave de fé. Mamãe tinha um irmão padre, tio Alfredo, da Congregação dos Frades Franciscanos, e uma irmã freira, tia Anita, missionária na África. Fui embalada e alimentada com esse "Sopro" do céu.

Mas a vida é feita de surpresas. De repente, no meio do caminho, surge uma lombada e somos chacoalhados. Em desequilíbrio, tememos perder o controle.

Foi dessa forma, sem aviso, numa dessas viradas da vida que caí do trampolim de meus sonhos. Um mês depois de minha chegada a Roma, um enfarto fulminante levou

Eduardo, o amigo querido a quem havia prometido presentear com um bom vinho italiano. Em seguida, meu primo William, que cursava engenharia aeronáutica e frequentava minha casa todo fim de semana, foi colhido por um acidente de moto aos vinte e três anos. A tristeza e o desapontamento não respeitaram minha distância e o desconforto começava a contaminar-me por inteiro.

Mas o colapso se deu mesmo com a morte de papai três meses depois. O último abraço, seu beijo demorado não me alertaram para a despedida final. E o vazio, a dor vieram em forma de indignação: Por que agora? Por que papai? Por que estava acontecendo isso comigo? Ferida por dentro, eu acordava de um pesadelo, no qual um pedaço de mim era sepultado longe. Longe de meus olhos, de meu coração, de minha alma, de meu grito, de minhas raízes e do afeto de meus familiares. Se você já passou por essa dor, sabe do que estou falando.

Não bastassem esses duros lutos, dois divórcios em família e o diagnóstico de câncer de uma amiga de infância vieram aguçar a minha dor. O corpo ainda congelado pelas agruras do inverno presenciava minha psique adormecendo.

Em momentos assim, parece que a gente mora de aluguel na própria pele. Nossas janelas ficam baixas sem fome de horizontes; nossos ouvidos, sensíveis, querendo proteção; nossas sombras, fantasmas obstruindo espaços; nossos espaços, estreitos, incômodos, marcando limites e nossos limites, próximos, bem próximos, muito próximos, tão próximos como lixas esfregando feridas abertas.

A dor sangrava a cada batida do coração. Eu me perguntava: Onde está minha estrela guia? Onde estão os seres

15

iluminados, os anjos para orientar meu caminho? Estou na Cidade Eterna, no centro da fé cristã, e ninguém vende fórmulas para integrar o desejo de possuir e a dor de deixar ir, a vontade de viver e o medo de morrer.

Precisava eu mesma negociar com a vida o que faria para construir meu benquerer. E como outro marco de minha memória infantil é a fé, decidi dar novo sentido a esses fatos e respirar o "Sopro divino" que agora me faltava.

Pedi uma semana de licença no trabalho e retirei-me para silenciar o coração. Queria escutar meu desejo essencial, equilibrar-me no reencontro com meu centro, deixar-me guiar pela bússola interior. Assim, como um pássaro que ensaia o canto, mergulhei nesse aprendizado que vou lhe contar. Mas não espere um livro de autoajuda, nem qualquer método de rigor científico. Talvez você nunca tenha lido um livro assim. Não é um diário e também não é ficção. A experiência é verdadeira e a imaginação também. Se você não o definir, não se preocupe, pois eu também não me preocupei. Abri a alma e deixei a canção sair; se você entrar no ritmo, pode ser que goste da melodia e componha sua própria música.

Também não me pense uma psicóloga ou guia de alguém. Não sou educadora nem tenho lições para dar. Sou uma mulher comum que já trilhou um longo trecho do caminho. Carrego muitos, muitos mesmo, desejos de bem e outros tantos limites e discrepâncias. Um desses desejos é partilhar a experiência que fiz num desses momentos de unificação do ser.

Se minhas pequenas epifanias iluminarem seu caminho, faremos o mundo olhar para o alto e, sorrindo, caminhar rumo a uma jornada mais prazerosa e construtiva.

Vamos?...

A caminho

"... *Eu falo, falo, mas quem me ouve retém somente as palavras que deseja. Quem comanda a narração não é a voz: é o ouvido*" – diz o personagem Marco Polo ao imperador Khan, em *As cidades invisíveis* de Calvino. Estava na estação do trem que ia de Roma a Milão. Fechei o livro e deixei o escritor provocar-me. Observar tudo e prestar atenção à descrição do mundo que me cerca tornou-se um propósito para esses dias que denominei de *Repouso no Espírito*.

Os trens chegavam e partiam chorando sobre as vias férreas e, junto aos assobios e ruídos eletrônicos, produziam um som metálico nada atrativo para histórias. Imagine você ouvir e reter alguma mensagem sob esse pano de fundo. Como? Porém, eu persistia em escutar a descrição de tudo o que se movimentava ao meu redor. Numa passarela de raças, idiomas e estilos diferentes, colhi respingos de diálogos e pedaços de monólogos, manifestos em gestos contidos ou abertos, expressos ou simulados.

Rostos embrulhados em tristezas e sorrisos escancarando emoções. Uma sociedade conectada e ao mesmo tempo solitária, na qual olhares escaneavam espaços, braços protegiam pertences e mãos selavam encontros.

Foi justamente aí, em pé, parada e tentando entender como o ouvido comanda uma narração, que iniciei a viagem para o centro de mim mesma a fim de resgatar valores e significados. Queria descobrir o apelo que me chama e o segredo que me detém, realizar sonhos fascinantes e superar limites amedrontadores. Queria sentir a energia que me impulsiona e as amarras que me prendem. Queria alcançar tudo: as coisas visíveis e as coisas invisíveis.

Observava atenta a chamada de partida para Milão, quando avistei um rosto conhecido. Era Cristiane, uma estudante que encontrara na Toscana, na exibição de um documentário sobre as escavações arqueológicas de civilização etrusca.

Na ocasião, ela fazia estágio nesse sítio arqueológico, acompanhada de um homem alto, moreno, extrovertido, que se apresentou como Robert.

– Olá, Cristiane, sou Beatriz. Nós já nos conhecemos. Estive como intérprete na exibição de seu documentário, lembra?

– Claro, Beatriz, como não lembrar? Você foi brilhante!

– Está indo para Milão? – perguntei, feliz pelo encontro.

– Pádua – respondeu Cristiane, sorrindo. – Será que vamos viajar juntas?

– Tudo indica que sim.

Conferimos os horários. Coincidentemente eram os mesmos. Sentamos lado a lado.

O trem serpenteava entre túneis e colinas, cumprindo com rotina e precisão sua trajetória. Entrava no túnel resmungando e saía na planície, determinado como um surfista. Toda vez que alcançávamos a luz do sol, meus olhos engoliam vertiginosamente as extensas plantações de girassóis ou as bucólicas ruínas de velhos castelos medievais. Engolidas assim aos borbotões, essas imagens eram arquivadas em mim toda vez que o trem voltava a resmungar no ventre de outro túnel.

Cristiane e eu iniciamos um diálogo.

– Você está a trabalho? – perguntei, pensando nas pesquisas arqueológicas que ela fazia.

– Uns dias de descanso. A equipe de pesquisa entrou em recesso e a primavera é um convite tentador...

– Sem dúvida – confirmei, para imediatamente perguntar: – Você mora em Roma?

– Apenas por este período de pesquisa e estudo. Você também é estrangeira? –indagou, detectando meu sotaque sul-americano.

– Sim, sou brasileira. Estou em Roma a trabalho.

– Onde aprendeu outras línguas? – perguntou Cristiane com olhar curioso.

– É que eu morei na Austrália por alguns anos e sou descendente de italianos. Isso, além de facilitar o aprendizado de diferentes idiomas, deu-me o gosto pela profissão que exerço – disse sorrindo, enquanto dava uma espiada pela janela do trem. Era impossível não me prender à paisagem. O vento ondulava o verde-amarelo das plantações de girassóis, desvendando, na parede de minha memória, o tremular da bandeira brasileira.

A batalha entre o desejo de silenciar e o medo da solidão ainda sabotava minhas melhores intenções. Vivenciava essa polaridade humana, na mesma velocidade do trem, enquanto olhava Cristiane, que permanecia silenciosa, e, ao mesmo tempo, eu observava as expressões dos passageiros e lembrava: cada um tece sua própria narrativa extraindo de dentro de si o significado de seu percurso.

De origem indiana, com passaporte americano, Cristiane procurava uns dias de descanso nas colinas de Torreglia, uma região de águas termais.

Meu destino era o Mosteiro de San Lucca, uma antiga construção escondida num amplo parque florestal da mesma região.

Desejava encontrar meu centro no contato com a natureza e desenvolver uma jornada rumo ao crescimento. Por isso, confidenciei a Cristiane que o verdadeiro segredo que me atraía àquele lugar era o espaço meditativo que Fernanda, uma colega de trabalho, havia descrito como um paraíso de possibilidades. Encontraria a natureza em múltiplas formas e a fé em diferentes crenças. Havia um monge para orientar a meditação, jesuítas pregando retiros, professores de ioga, nutrição aiurveda, grupos de cura quântica, crentes e agnósticos – o pluralismo na era da globalização.

– *Signori passeggeri, prossima fermata: Firenze!* – uma voz cordial ecoou pelos vagões do trem anunciando a parada em Florença.

Um homenzarrão ergueu-se à minha frente, deslizou uma pesada mala sobre minha cabeça e com o próprio corpo foi abrindo espaço em direção à porta de saída. Pequenos tumultos, burburinho, vários dialetos, olhares curiosos e ao mesmo tempo discretos.

O trem prosseguia pelas planícies e colinas com a mesma determinação de antes. Estávamos em silêncio, quando Cristiane, erguendo as sobrancelhas curiosas, perguntou:

– Já esteve em Firenze?

Ainda ensaiava meu assentimento e ela já descrevia sua admiração pela cidade berço do Renascimento.

– Em seu brilho estão homens insignes jamais ofuscados pelo tempo – concluiu.

Havia consenso entre nós duas. Firenze, com sua Galeria de Arte e a maior Pinacoteca do mundo, é sem dúvida uma das mais belas cidades da Itália. Dividimos a mesma paixão pela arte florentina. Falamos sobre as obras de Michelangelo, Ferruzzi, Ticiano, Raffaello, Melloso. Não consegui conter minha predileção pelas obras de Botticelli. Dias antes havia visitado uma exposição das obras completas do artista. Então, contei para Cristiane como ele ilustrara, em grafite, a *Divina Comédia*, de Dante Alighieri, seu conterrâneo. Depois tentei descrever pausadamente a impressão que guardava da tela original *La calunnia di Apelle*. Contei para ela como Botticelli expressa com vigor a vivência da calúnia que, para mim, depois de tantos séculos, ainda é capaz de produzir sentimentos de indignação.

Houve uma pequena pausa. Ela reclinou-se sobre o encosto e cruzou os braços. Li em seus olhos a solicitação para um momento de privacidade.

Em silêncio, eu retinha viva a imagem do jovem inocente arrastado perante o rei no quadro *La calunnia*, no qual

Botticelli parece falar suas inquietações através de traços e cores sutilmente definidos. Enquanto cimentava meu propósito de captar tudo o que pudesse enriquecer minha jornada, vinha pensando – é a percepção subjetiva do observador que interpreta a fala do artista.

Da janela podia-se observar a natureza desfocada, volátil e ainda assim fascinante. A paisagem desenrolava como numa tela cinematográfica. Exibia-se cheia de indeterminações nas quais se distinguiam ruínas, pequenas vilas, velhos obeliscos, incitando a pergunta: Qual a história dessas antigas civilizações? Quantos saberes escondidos nesses cenários? Quanta arte, quanta luta, estão registradas nestes espaços? – refletia eu, enquanto o trem deslizava sobre os velhos trilhos de ferro.

Minutos depois, Cristiane virou-se para mim, exclamando com convicção:

– Que espetáculo essa paisagem!

– É mesmo. Um simples olhar é capaz de trazer à tona a realidade que está dentro de nós e nos inundar de alegria.

Nova pausa de silêncio.

Então ela acessou seu ipad. Com a rapidez e a sutileza de um beija-flor, dava toques pontuais sobre uma galeria de fotos. Fragmentos de cerâmicas, esqueletos, pistas borradas, figuras em cacos de escavações apareciam, expandiam-se e desapareciam na tela virtual.

– Ver o mundo, escutar sua história, explorar as formas, desvendar o segredo das coisas com a curiosidade de criança é despertar a capacidade de maravilhar-se, não acha? – perguntou, desviando o olhar da telinha.

– Ah! Maravilhoso! Acho que é por isso que a criança vive em estado de encantamento – disse eu, voltando ao meu imaginário infantil, enquanto Cristiane desligava o seu ipad.

Um sorriso delicado cruzou seus lábios. Pausa.

– *Signori passeggeri, prossima fermata: Padova.*

Foi rápido o tempo que nos levou de Roma a Pádua. Trocamos o endereço eletrônico, o número de celular e nos despedimos na certeza de um reencontro assim que retornássemos a Roma.

Minha viagem prosseguia para, logo adiante, tomar o caminho do mosteiro. Soltei a imaginação como gosto de fazer quando viajo. Então, lembrei-me de um livro que li há muitos anos. Sabe esses livros de impacto que aparecem de vez em quando, afinando nossa sensibilidade e borrifando nossa imaginação para o resto da vida? Você já leu algum desses? Eu nunca me esqueço desse que li e reli várias vezes: *Mister God, this is Anna* (Senhor Deus, esta é Ana). Foi nele que uma criança me presenteou com a seguinte declaração: "Nós temos um ponto de vista, mas Deus tem a vista de todos os pontos". Volta e meia essas palavras pipocam em minha mente. Agora mesmo, pularam vivas. Então, comecei a revirá-las e jogá-las ao alto. Saboreei o miolo, o avesso, como se estivessem recheadas de infinito. *Deus tem a vista de todos os pontos porque ele vê e escuta com o coração* – pensava, acariciando os pensamentos. Os olhos do coração não têm limites. São revestidos de ternura, alimentados pela compaixão, andam em sintonia com o ouvido e alcançam as fronteiras do invisível. *Então, vai coração... Vai e alcance todos os pontos que couberem em seu olhar e construa sua história com tudo o que você consegue reter de bom* – disse de olhos fechados, reclinada sobre o encosto.

25

SENTIA-ME UMA ÁGUIA querendo levantar voo e, ao mesmo tempo, um pássaro rodopiando numa gaiola. Uma asa querendo alcançar o céu e a outra querendo fincar-se na terra. Acalentava desejos e distraía medos. Vivenciava a dor de perder e a possibilidade de sonhar. Estava dividida entre meu eu real e meu ego sombrio. Assim, no mesmo berço de minhas potencialidades, travava-se o duelo entre luz e sombra, amor e medo, alegria e sofrimento. Queria encontrar a chave desse mistério e descobrir as sendas que me levassem ao tesouro desejado – a integração serena de minhas emoções, mesmo quando contraditórias.

Uma voz grave, aveludada, surpreendeu-me:

– *Signori passeggeri, prossima fermata: Vicenza.*

Vicenza! Era meu destino na linha do trem. Levantei-me um tanto apreensiva.

Mal deu tempo de erguer-me e estava sendo empurrada para fora por um casal de napolitanos, que, além de abusados e extrovertidos, arrastavam sacolas de vários tipos e tamanhos.

Depois de uns instantes encontrei-me na plataforma em meio a uma multidão embaralhada. Meu olhar procurava a direção a seguir, quando avistei um homem moreno, corpulento, de abdome roliço, atento ao movimento dos passageiros. Com as mãos acima de cabeças robóticas, acenava em direção ao meu olhar.

– *Qui signora. Taxi. Taxi... prego, venga signora* – empurrando e esgueirando-se entre a multidão, chegou rapidinho ao meu alcance.

Na mesma agitação fóbica entrei no táxi, que parecia eu mesma ter chamado. Depois de meia hora de viagem, por caminhos arborizados e uma conversa sem foco, fui interrompida:

— Você é italiana? — perguntou-me o motorista, virando-se rapidamente para trás, com a fronte encrespada e um sorriso meio cético.

— Meus avôs são desta região, mas eu sou brasileira!

— Ah! Ah! — com a mão direita, deu um soco no volante como se celebrasse um gol. — Pelé! Ronaldo! Kaká! — eufórico, jogou no ar, entre o banco da frente e o de trás, times e nomes de craques do futebol.

Encerramos aí porque o táxi entrou por um pequeno elevado, fez meia curva e estacionou em frente a um enorme conjunto arquitetônico. Deu tempo apenas de certificar-me de que estava no lugar certo e o homem falante já entregava minha mala na portaria.

— *Grazie, signora*. Espero que esta seja a primeira de muitas outras viagens à Itália — disse, enquanto me devolvia o troco.

— Assim espero — falei.

Sorri e fui à recepção.

Encontros

— Quarto 31 – diz o recepcionista, depois de perguntar meu nome.

— Há alguma dieta especial ou outra informação prática que queira deixar em sua ficha, senhora?

— Muito gentil. Quero apenas espaço para o recolhimento.

Ele consentiu com a cabeça, esboçando um largo sorriso.

Prosseguiu, apontando:

— Espere na sala ao lado. Alguém vai acompanhá-la à sua cela.

Um tronco de árvore gigantesca e no interior dele, como numa cabana, um monge em estado de meditação. Eu estava absorta diante dessa grande foto, pendurada na parede esquerda da sala, quando entrou sorrindo uma frágil mulher toda vestida de branco. Era Irmã Felícia.

Após cumprimentos formais, a simpática velhinha conduziu-me por longos corredores, obstinada em seu dever como uma abelha em sua colmeia. Falou-me com autoridade do silêncio austero que pedia o regulamento do mosteiro. Explicou o poder que o silêncio tem de conduzir o coração para o profundo do ser e concluiu toda centrada:

– Descobrir a força desse segredo é uma grande sabedoria. É voltar às origens, na própria casa, e alcançar seu verdadeiro eu, seu centro, sua fonte de paz e amor. É tocar a alma de cada ser compreendendo a razão de seu existir.

– Deve ser um aprendizado para a vida – ponderei sem intenção de interrompê-la.

Caminhávamos ao longo do último corredor e Irmã Felícia ainda repetia informações como um pequeno cicerone, segura de ser a única guardiã daquele santuário. Parecia saber tudo daquele lugar: como se produz o néctar da mística e onde se escondem as armadilhas da tentação.

Eu a acompanhava pensando como aquele ser frágil e simples podia abrigar tão primorosa sabedoria.

– Este é seu quarto – disse, depositando a jarra d'água que trazia sobre a rústica mesinha. Abriu a janela. Fez sinal.

– Venha, venha ver...

Então apontou para o ângulo de outra ala da casa, que mais se assemelhava a um velho castelo de príncipes, e sussurrou orgulhosa e confiante:

– Está vendo aquela janelinha no último andar, bem no alto da torre? São os aposentos do cardeal de Veneza. Ele costuma passar férias e fazer retiro aqui. Esse lugar já alojou eminências que se tornaram papas – disse com um sorriso leve, tímido, mas com ar aristocrático.

– Hummm... curioso – exclamei.

Enquanto processava o que acontecia ao meu redor, palavras de estímulo reverberavam em meus pensamentos: *este é o lugar certo*. Deixe a consciência assimilar e transformar tudo... *Esteja calma, confiante.*

Então fui possuída por uma sensação agradável, quase poderosa, de estar abrindo minha própria conta num banco universal, nas mãos de pessoas confiáveis, extremamente confiáveis.

Irmã Felícia examinou rapidamente meu olhar para checar o efeito de suas revelações e deixou-me ciente de ter cumprido o seu dever. Havia-me conduzido até o casulo, agora o trabalho de transformação dependia de mim.

– Ah! Onde encontro o regulamento da casa? – perguntei hesitante.

Irmã felícia abanou a cabeça, recuou dois passos, pegou uma pasta de capa preta e a entregou a mim:

– Está aqui. Todas as normas são importantes. No regulamento estão também as informações de acesso à internet. Qualquer dúvida pode me procurar sem receios – havia um sorriso cordial em sua voz.

– Obrigada. Muito obrigada! – disse-lhe, apertando o regulamento de encontro ao peito.

– *Va bene?* – perguntou ela, com um sorriso jocoso.

– *Beníssimo* – respondi confiante.

Apertamos as mãos.

Com o olhar, acompanhei a irmãzinha afastar-se ao longo do pórtico e voltei ao quarto.

Depositei a pasta sobre a cama, deixando a disciplina para mais tarde. Naquele momento queria respirar essa liberdade e encher-me de abundâncias. Abraçar a calma e vivenciar o mistério. Depois as certezas. *Agora quero pausar primeiro*, dizia para mim mesma, um pouco ansiosa por achar que eu seria minha única companhia.

Pendurei a blusa, passei a chave no quarto e fui sondar o espaço externo. Um magnífico e amplo jardim, com perspectivas vastas e uma mistura desordenada de estilos. Tanto o conjunto arquitetônico de três andares como o jardim sobreviviam a três grandes ciclos da história. O que já fora uma mansão de arquitetura greco-romana, no Renascimento, transformou-se em um mosteiro e, hoje, em uma pousada de cunho ecumênico com construções adjacentes, em forma de chalés, para hóspedes permanentes.

Agora imagine toda essa extensão verde dividida em quatro partes: o pomar, a horta, o jardim de plantas medicinais e o das flores. Áreas gramadas, áreas cercadas, arcos, pergolados e antigas fontes compondo uma música calma e reflexiva.

O mosteiro está encravado a meio caminho da colina, e o jardim, visto a uma pequena distância, parece um fofo tapete de entrada.

Dessa maravilhosa paisagem, abrem-se diferentes caminhos para o bosque que cerca toda a extensão. O caminho central conduz para um espaço ao ar livre à sombra de altas árvores, onde toscos bancos de pedra, em forma de mandala, desenham uma catedral a céu aberto. Observei o chão de pedras irregulares, manualmente talhadas, compondo um cenário diferenciado, um convite a parar. Ouvi pássaros cantores e o farfalhar de folhas fazendo eco em meio às colinas que têm o poder de reproduzir o mais ínfimo som. Rústico e magnífico, o espaço trouxe-me à lembrança Machu Picchu, perdida nas montanhas do Peru. *Esses pequenos paraísos naturais são marcos históricos, sem dúvida*, eu ia observando.

Foi nesse lugar, entre a voz do nada e o som da vida, que um estranho sentimento de ausência começou a rondar dentro de mim. O eco me inquietava porque todo o som produzido voltava na sequência, como um bumerangue.

Por alguns instantes apenas, permaneci ali. O mundo se movimentava a meu redor e meu desejo perdido entre medos e sombras me perturbava. Imagine, sete dias, a sós, nesse silêncio? Mesmo que paradisíaco, o vazio do espaço exigia coragem para perseverar em meu propósito. Estava tensionada entre o desejo e a solidão.

RESPIRO FUNDO. Tomo um longo caminho ladeado por verdes ciprestes. Estou dispersa como uma mariposa em busca de luz. Meu ser procura fixar o primeiro ponto da corrente elétrica que pressentia estar se processando. Num lado de meu cérebro as palavras do autor italiano – *é o ouvido que comanda a narração* – borbulhavam freneticamente, querendo explodir na superfície. Enquanto do outro lado, com a exatidão de um jogo de xadrez, ziguezagueavam preguiçosamente as perguntas: O que vim fazer aqui? Sete dias sozinha? Sozinha em tudo: rir, comer, dormir, rezar... Será que vou conseguir?

A natureza trocava as vestes com indecente rapidez e tudo convidava ao recolhimento. Decido voltar ao meu quarto. Ando devagar porque sinto uma resolução formar-se em meu íntimo: *nesses dias vou dar o melhor de mim, firme em meu objetivo em cada passo desta jornada*. Apelo que se tornou decisão.

Caminho uns duzentos metros. Viro à direita e vejo um pequeno chalé. Sentado no alpendre, um velho sacerdote acena para que me aproxime.

Vou ao seu encontro, mas antes mesmo de chegar bem perto, ele pergunta com a firmeza de um mestre:

– O que faz aqui?

– Escuto o silêncio – a resposta explodiu do inconsciente como a primeira lava de um vulcão.

– Ah!... Escuta o silêncio! – recolheu a perna que descansava sobre um banquinho e fez um sinal para que me sentasse ao seu lado, satisfeito da parceria.

– Como se chama?

– Beatriz, e o senhor?

– Vittorio. Dom Vittorio Bortechello – estendeu a mão e me golpeou com a pergunta: – Você já leu Leopardi?

Tentava puxar minha memória enquanto ele declamava, com deliciosa oratória, o famoso poeta. Desenhou as palavras com gestos sacerdotais e as revestiu de tamanho poder e encanto que levou minha alma a passear pelo infinito.

– ... *Così tra questa immensità s'annega il pensier mio; e il naufragar m'è dolce in questo mare* ("Assim, nesta imensidão se afoga o pensamento meu, e é doce para mim naufragar neste mar").

De pé. Trêmulo. O olhar perdido no horizonte.

Eu apenas o fitava.

Então, Dom Vittorio apoiou-se em meu braço. Caminhávamos lentamente. Sua voz era cálida e profunda. Virou-se. Abaixou os olhos e repetiu as palavras do poeta como se repassa um testamento.

– *Il naufragar m'è dolce* – olhou-me com afeto –, *m'è dolce, Beatriz, naufragar in questo mare*.

Teve o cuidado de explicar-me que o poeta não aludia ao naufrágio místico, mas ao prazer e ao abandono do sentimento, da fantasia. Mesmo sabendo da impossibilidade, é sempre um prazer e um querer do espírito abraçar o infinito. Como é doce, prazeroso, desbravar o desconhecido e atirar-se nele, perder-se até naufragar. Não no vazio, mas no puro conhecimento.

Eu o acompanhava armazenando o quanto podia.

– Sonhar com o espaço na esperança de desvendar todos os segredos. Sentir-se acolhido e comunicativo em plenitude no silêncio da vida. Abandonar-se nos braços de uma presença amorosa e mergulhar no mistério, no sentido do sagrado, é muita paz e felicidade – exclamou, deixando o olhar perder-se no horizonte sem limites.

Havia profundas e doces experiências em seus olhos, quando disse com emoção:

– É o silêncio que nos conduz a esse naufrágio. Mergulhe nele, Beatriz, e compreenderá a linguagem dos anjos, os caminhos do espírito, os pensamentos do Criador.

Soltou meu braço e fitou-me de frente.

– Escute, explore o silêncio e não faça mais nada. Ele trará o universo aos teus pés e te conduzirá onde nasce a luz, o sopro, a vida. Desdobrará diante de ti o dia e a noite e desvendará os segredos de todos os seres.

Chegamos ao chalé. Antecipo-me para abrir-lhe a porta da sala de hóspedes. O jantar já está posto e Irmã Felícia deixara chá quente sobre a mesinha ao lado.

– Quer jantar comigo? – O convite foi um gesto de verdadeiro *gentleman*.

– Com o maior prazer! Acompanho Irmã Felícia até a porta e logo estaremos jantando juntos – respondi.

Com a porta entreaberta, Irmã Felícia sussurra baixinho ao meu ouvido:

– Este Monsenhor é um famoso biblista da Pontifícia Universidade de Roma. Exímio professor de grego e um grande diretor espiritual... passa períodos aqui conosco desde que o mal de Parkinson impediu-o de lecionar na Pontifícia. Precisa de muito repouso.

– Terei o maior cuidado para não importuná-lo.

Apresso-me em sentar à mesa, já com mais apetite pela sabedoria que vinha daquele sábio mestre do que pelas parcas iguarias de que ele se alimentava.

Trocamos gentilezas na arte de servir os pratos, enquanto ele continuou a falar, com emoção, da profundidade e força que há no poema *L'infinito* de Giacomo Leopardi. Reportando-se ao poeta, falou de silêncios sobre-humanos, de profundíssima quietude, de último horizonte, do sussurrar do vento entre as plantas, comparando o silêncio infinito a uma voz que por pouco não amedronta o coração.

Meu paladar degustava a deliciosa *pappa al pomodoro* e meu ouvido digeria docemente as palavras de Dom Vittorio sobre as evocações do grande poeta: imensidão, finitude, transcendência, abandono e olhar perdido na eternidade.

Inebriados por essas reflexões e imaginações poéticas, nos despedimos com um pacto amigável.

— Janta comigo estes sete dias? — perguntou, esperando meu consentimento.

— *Si. Piacere! Molto piacere.* Os sete dias! — confirmei com a cabeça, enquanto acessava o celular que vibrava sobre minha agenda.

É Cristiane:

— Estou encantada com a história e a arte deste lugar. Você conhece a Villa Arquà Petrarca? — havia um convite em seu tom de voz.

— Nunca ouvi falar — disse-lhe, enquanto, com o olhar, me desculpava com Dom Vittorio.

— Se você quer um espaço para o descanso, é este. Estou no Hotel Villa Del Poeta. Vale a pena!

— Obrigada, Cristiane. Quem sabe no futuro. Agora, a vida me chama para outra direção.

— Está bem. Torço por você.

— De qualquer forma, muito obrigada. E aproveite.

A decisão de passar os sete dias em recolhimento estava gravada em meu coração como as dez leis nas tábuas de Moisés.

Virei para Dom Vittorio. Nossos olhares se cruzaram sorrindo.

Ele repetiu em tom ainda doce, mas grave:

— ... *il naufragar m'è dolce in questo mare*...

Eu retribuí com um olhar de sintonia, enquanto nos dirigíamos à porta.

— Boa-noite — disse ao gentil anfitrião.

— *Ci vediamo* — respondeu o sábio mestre, afirmando com a cabeça.

Entrei no corredor a caminho de meu quarto. Cruzei com um grupo de jovens de língua espanhola (um espanhol latino-americano). Parecia tratar-se de uma assembleia de franciscanos. Confabulavam alegres como passarinhos soltos na floresta. Outras pessoas aguardavam por acomodação. Apurei o ouvido. Cumprimentei alguns na esperança de descobrir-lhes a nacionalidade, mas tentativa frustrada. Permaneci apenas com a certeza de que aquele seria um lugar místico e ecumênico.

A noite chegava. O corpo pedia repouso. A mente insistia em recolher-se. Os ouvidos retinham fragmentos de narrativas, capturadas em forma de palavras, ecos, ruídos e símbolos. O silêncio depositava tudo na minha consciência, confiante de que, a seu tempo, ganhariam sentido.

Sentei na cama e deixei a energia interior fluir por seus canais sutis até dar lugar ao sono. Sentia-me um filhote molhado saindo do ovo, mas firmemente determinado a levantar voo na manhã seguinte.

— Deus me cerca como a mãe cerca o filhinho que se prepara para a escola — curti entusiasmada esse primeiro impulso.

Então, antes de me deitar, rezei:

– *Dá-me tua bênção, querido Deus. Dá-me sabedoria, a mesma que deste a Salomão. Paciência comigo mesma, como a que deste a Jó. A coragem profética de Miriam, a irmã de Moisés. Dá-me a audácia de Paulo e a intimidade de João; a hospitalidade de Marta e a paixão de Madalena. Dá-me olhos e ouvidos para o coração. Dá-me ver e sentir tudo com ternura, audácia e compaixão. Para que veja ressurgirem coisas novas sobre a sepultura de tantas despedidas. Ah, sim, querido Deus, antes que a solidão me embrulhe, dá-me teu beijo para que esta jornada imprima novo colorido aos fios de minha história. Amém.*

Tudo isso em menos de oito horas, sob o azul do céu, numa esplêndida tarde de maio, nas colinas de Torreglia.

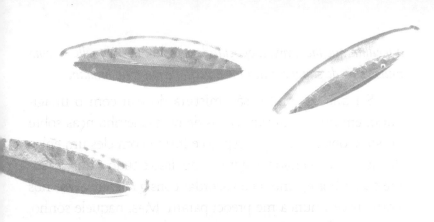

Primeiro dia

"*Aujourd'hui, aujourd'hui!*" O eco dessas palavras, em francês, perdeu-se no limiar do sono e o despertar, quando o "eu" desorientado entre tempo-espaço tem pouca vontade de refletir. Vislumbrei apenas o significado: "hoje", "agora", mas porque essa palavra *aujourd'hui* estava comigo, lá no meu inconsciente – não acordei para me perguntar. Voltei a dormir pesado. Então sonhei...

SONHEI QUE ESTAVA PERDIDA na noite escura. Sozinha, debruçada no chão árido, olhava uma escavação na profundidade do solo, onde raízes em movimento no espaço vazio formavam um jogo entrelaçado. Luzes e cores piscavam e fugiam formando uma paisagem caleidoscópica de enorme beleza. De repente, uma presença invisível me fez virar a cabeça. Então, em silêncio, mãos diáfanas depositaram nas minhas mãos uma bola, do tamanho e da textura de um ovo. Magicamente, com o calor de minhas mãos, o ovo inflava em movimentos crescentes. A casca branca parecia esticar-se como uma pele elástica. Eu o lavava na água corrente e, à medida que lhe tirava a opacidade, surgiam fios vermelhos, como finas veias de sangue, traçando o perfil de um rosto humano.

Sei que os sonhos são mistura do real com o imaginário, em que se juntam cacos de nossas lembranças sobre pessoas, objetos, tempo, espaço e forma com eles um enredo, que pode ou não ter significado. Isso é tudo o que sei sobre os sonhos e, embora ao acordar consiga descrevê-los nos pormenores, nunca me preocuparam. Mas, naquele sonho, a imagem do ovo deixou-me intrigada.

Lembrei, imediatamente, de pesquisar no Google. Abro o notebook e no primeiro clique aparecem páginas e páginas de indicações: como interpretar os sonhos, compartilhe seus sonhos, guias, mapas, significados. Abordagem psicológica, espírita, judaico-cristã. Explicações de teólogos, pastores, magos, tantas possibilidades como o caleidoscópio do inconsciente. Eu queria apenas o significado do elemento principal – aquele ovo inflando, com traços de vida humana.

Clico no link "interpretações de A-Z". Procuro a letra "O". Na palavra OVO encontrei resumidamente isto: o ovo é símbolo da vida universal e da imortalidade. Tem a ver também com fertilidade, elevação e é um presságio de que as esperanças serão concretizadas. Representa os mistérios contidos nos recônditos da alma e prenuncia abundância na vida pessoal, principalmente dentro de casa.

– Ah, muito bem! Então, meu inconsciente parece estar em sintonia com meu propósito!... Tomara que seja assim – confabulava ao vestir-me. – Pois o que eu quero é isso mesmo: aprofundar o mistério que envolve a vida e orientar meus desejos essenciais, bem no centro da experiência humana. Vivenciar o emaranhado de que somos feitos e com a coragem do coração abraçar o que a vida ainda me pede...

– Bem, vamos ver... – disse para mim mesma, quase em voz alta. – Afinal, meu propósito não deixa de ser tão misterioso quanto meu sonho. Pelo menos é assim que eu imagino esse mundo invisível que carrego comigo... um grande mistério.

Depois disso, abro a janela e fico contemplando tudo o que o universo me oferece. De meu interior brota um convite sereno e confiante: observe e ouça apenas. Mantenha a calma e deixe que a inteligência verdadeira oriente seu caminho. Então, primeiramente, resolvo saudar o sol que levantara cedo naquela linda manhã de maio. Debruçava-se fogoso sobre as formas escuras das colinas adormecidas. Eu sabia que logo o vermelho rubro se transformaria em um amarelo doce, dando movimento e cor a todas as criaturas, e eu sentia-me disposta a interagir.

Calço o tênis e dirijo-me à colina para presenciar a magia do espetáculo. Num primeiro momento, deixo-me envolver pela natureza permitindo a expansão da consciência. A pura luz do crepúsculo era magicamente filtrada através das árvores. Ao percorrer meio quilometro de subida, percebo os primeiros raios brincarem nas ramagens mais altas. Um pássaro saudou a natureza com um sonoro *curucucu... rucucu... ru... cucucuuuuu*, deixando o eco perder-se no silêncio de outra montanha. Alcanço um platô onde o sol já desenhava silhuetas por entre a vasta e harmoniosa cortina de apeninos. Abandono o corpo sobre um tronco de árvore que, inclinado na horizontal, recebia um vigoroso banho de luz.

Sinto-me tranquila e calma. Claro que não estou totalmente centrada, mas sinto a quietude cair, quase por conta própria, sobre meu corpo. Já por dentro... ah não... por dentro não é fácil aquietar-se. *Como a mente é tagarela...* – queixo-me, enquanto deixo o corpo aquecer de mansinho, sem concentrar-me nos pensamentos, que insistem em investigar a imagem do ovo. E não tem jeito. Vão e voltam.

– Entendi... Então é assim! – falei sem emitir palavras. – Tudo bem! Vou distrair essa tagarelice olhando cuidadosamente o palpitar da vida à minha volta – formulei essa decisão firmando-me sobre o tronco e deixei a natureza exercer sua magia.

ENTÃO, SOU SURPREENDIDA por uma cena miúda, cotidiana... A um metro de distância uma habilidosa aranha inicia sua jornada. Primeiro pequenos fios luminosos, depois, toda a estrutura da teia. No anonimato, sem salários e sem aplausos, com os dons da própria natureza a pequena artista construía sua tenda. Talvez o fizesse pensando na prole, talvez por puro instinto. *Quem sou eu para dar razões ao seu talento ou sentido à sua labuta? Cada um tece a vida com os significados extraídos de seu próprio saber* – pensava eu, contemplando a obra da artesã.

Fui costurando cuidadosamente esse aprendizado: como é incrível e inspirador compreender isso! O que para mim parece um emaranhado de frágeis fios, para a aranha é tudo... – sua casa, sua meta, a razão de sua existência. Que maravilha! Veja só... Enquanto ela segrega os fios, também tece sabiamente a armadilha para seu sustento. Trabalha a teia com aprisionamentos e libertações tão regularmente paralelos quanto paradoxais. Que hábil e sábia!... Ela ainda é capaz de distinguir os fios secos dos molhados e trabalhar sobre cada um conforme seu objetivo. Isso é fantástico! Agora pergunto: Por que é que seres inteligentes como os humanos se perdem enleados em sua complexa estrutura emocional? Ora transitando pela liberdade de suas opções, ora barganhando com as vozes de seus instintos. Não é de se pensar?!... Por que essa tendência eternamente presente em mim, talvez em todos nós, de agir contrário aos meus valores, agir sem discernimento, sem amor? Frequentemente, apanho-me na batalha por alguma recompensa insignificante, mesmo conhecendo o caminho da verdadeira felicidade. De onde vem essa tendência, se nascemos do amor e queremos ser felizes?

Minutos depois refletia, aquietando-me: *Sim, somos mesmo uma mistura de forças e de fragilidades. Somos um microcosmo contendo todos os ingredientes para a plenitude, no entanto quase sempre carentes e insaciáveis. Que espécie complexa e ambígua somos nós, seres humanos... Para mim parece que tudo vem em pacote e não consigo distinguir a tonalidade das emoções. Dá a impressão de que só compreendemos os valores na experiência de seu inverso.*

Procuramos a felicidade fugindo da dor, da perda, do infortúnio. E a coragem? Ela não surge do desafio, do medo, da carência? Entretanto, sem o movimento dessas forças opostas não haveria crescimento, criatividade, progresso. Mas, então, o que é que me falta para ser mais centrada, mais proativa? Consciência e determinação?

ABSORTA NESSES PENSAMENTOS, meus olhos vagueiam até o ponto de vislumbrar o que parece ser uma caótica e frenética nuvem de energia quântica. Minúsculas oscilações, pequenas gotículas enchiam o espaço de presença. Voavam. Flutuavam. Dançavam em redemoinho. Não sei se eram seres ou apenas uma infinidade de átomos; sei que estava na presença de um mundo dançante, embebido de luz, agitado por rápidas e instantâneas pulsões que eu não conseguia contar, muito menos conhecer. Permaneço estática, pois o mínimo descuido de perspectiva podia roubar-me o direito àquela cena cativante.

Extasiada, contemplo o pequeno laboratório que, para meu olhar, tornara-se a descoberta de um mundo novo – a vida com suas mil e uma vocações e outras mil e tantas razões para se tecer...

– Bem, aqui ninguém vai saber desta minha conversa, a não ser eu mesma – cogitava tranquila, repousando sob o calor do sol, que suspenso no alto dinamizava a vida no seu todo, enquanto, por dentro, eu me deixava ensopar do amor terno e caloroso do Criador.

Foi aí... que uma formiga coçou meu braço confundindo-me com o tronco. Surpreendo-me imóvel e tolerante. Naquele lugar e naquele momento entendo não ter nenhuma razão para reclamar. Gozávamos todos os mesmos direitos, éramos igualmente, todos e todas, agraciados filhos da luz.

A pequena visitante ergueu as patinhas, fuçou entre os cabelos e poros, agitando a cabeça à procura de víveres. Mas eu nada tinha para oferecer à formiga neste paraíso de permutas e gratuidades. Ela escorregou decepcionada entre os dedos de minha mão e voltou ao tronco, e do tronco, ao caminho das companheiras para o trabalho cooperativo. Foi então que lembrei o que o autor sagrado há milênios escreveu a seu respeito: "Olhe a formiga, observe os hábitos dela e aprenda. Ela não tem chefe, nem guia, nem governante. Apesar disso no verão ela acumula o grão e ajunta provisões durante a colheita" (Pr 6,6-8).

A cena foi me aquecendo e provocando: observe e aprenda, Beatriz. Se tua jornada for apenas um "repouso" não será mais que um sonho em discurso, uma emoção em poesia. Sonhe em coletivo. Busque contribuições do passado. Aguce suas antenas para o futuro. Descubra os sinais dos tempos. Siga a trilha de feromônio no caminho que será necessário percorrer juntos, organizados, persistentes. O formigueiro não se faz com palavras, mesmo que sangrem, mas com a vontade e a união; se faz com a percepção dos significados e a construção em solidariedade. As formigas são sociedades organizadas de forma inteligente, estimuladora e cooperativa. Elas não têm tecnologia moderna nem fazem cursos ou especializações. Não são eleitas por demagogias nem têm salários extorquidos do suor dos outros. Agem pela sabedoria natural na reciprocidade, sem críticas e sem lamurias. Focadas e preventivas. Apreenda, Beatriz… Aprenda que a atenção é a inteligência primordial. É ela que desperta a percepção e a consciência. Depois se fazem as conexões.

PENSAVA ESTAR SOZINHA naquele pedaço de bosque. Qual nada!... Ouvi o som de passos humanos aproximando-se. Pisavam determinados sobre folhas e gravetos. Então me ergui rapidamente, e vi dois guardas florestais passando por uma trilha, logo ao lado de meu esconderijo.

Apenas um olhar discreto e protetor de: "Está tudo ok?..." "Sim, está tudo ok...", e eles prosseguiram, deixando-me outra vez segura. Foi então que uma borboleta desfilou presunçosa e, farfalhando, pousou num arbusto carregado de cachos amarelos. Aumentei o foco, aproximei-me muito devagar para observá-la. Nascera livre como uma deusa. Sem conhecer a moeda ou a censura, ela provava todos os néctares e pousava nua sem pudores e sem temores. Rodopiei o olhar para seguir-lhe o voo, mas ela distanciou-se, muito longe, enquanto eu... eu?...

– Permaneço aqui, no chão acidentado da luta, entre voos e tropeços – disse em voz baixa.

Então, nesta abençoada manhã de luz, tornei-me aprendiz dessas hábeis criaturinhas, estocando, também eu, sabedoria para meus invernos.

Feito isso, tomei o caminho de volta e vi...

Acredite-me eu vi...

Vi com os olhos do coração...

Vi Deus criando o mundo...

Vi sua presença passar pelo jardim. Acabara de banhar todas as folhas com o orvalho e enxugava-as, uma a uma, com o beijo da luz e a carícia da brisa; enquanto outras, soltas ao embalo do vento, aplaudiam agradecidas entoando em coro uma tênue melodia. Que fantástica essa linguagem..., esse mundo invisível! Meu Deus!... Mostra-te mais para que eu aprenda a ver-te por trás da complexa teia da existência.

Pausei um pouco e vi o Grande Artista trabalhar as tintas. Sobre o fundo matizado de verde pintava de vermelho os gerânios, de branco as margaridas e de suave lilás os miosótis. Borrifava livremente o resto das tintas desenhando um *dégradé* de cores nas ramagens e despertava uma diversidade infinita de flores silvestres sobre um tapete de tonalidades verdes. Inacreditável! A mão de Deus assinava sua obra com palavras inteligíveis, se é que há palavras para isso...

Observei o solo e, então, o vi abrir as fendas da terra para liberar insetos e répteis. Na calada da noite, havia-lhes mapeado os esconderijos e agora os convocava para a labuta. Fornecia-lhes munição e os protegia para que não fossem pisados ou esmagados como seres perigosos ou indesejáveis. Que fabuloso é o cuidado de Deus! Que esplêndida essa energia protetora!

Então vi Deus no ato de amor com a natureza. Eu o vi... Abraçava, acariciava, beijava. Havia entrega e posse, propiciando uma verdadeira cumplicidade amorosa. Com juras de fidelidade, imprimia suas digitais em todos os seres:

– *Estarei contigo no inverno e no verão, no sol e na chuva e te desposarei sob as duas espécies. Vestirei tua carne e me darás teu sangue. Soprarei um sopro cálido aos teus ouvidos para que a vida se renove a todo instante.*

Acredite-me... Consegui ouvir esse juramento, essa promessa afetuosa de Deus, como se Ele a sussurrasse aos ouvidos de cada criatura.

Ah!... Foi como sentir o respiro de Deus alimentar a vida num eterno AGORA.

Então, confirmei em meu coração o que dissera o salmista: "Os olhos de todos em ti esperam e tu lhes forneces o alimento na hora certa. Abres a mão e sacias o desejo de todo ser vivo" (Sl 145,15-16).

Minha imaginação passeava pelos meandros da Criação presenteando-me com esse pequeno paraíso, quando me dei conta do compromisso assumido com o grupo de Marcello, um pregador de formação jesuítica, simpatizante do budismo tibetano. Era um grupo de prática à meditação não confessional. Eu estava lá aberta ao surpreendente, desejosa de plenitude e convicta de que a troca seria vital. Afinal, abelha sozinha não faz colmeia. Enriquecemo-nos com o olhar do outro e no espírito de partilha e comunhão.

No caminho até o grupo vou meditando no privilégio de fazer essa parada: *É claro que vou voltar a perder-me na complexa teia da vida, mas esse momento será uma referência inspiradora para meu futuro* – confirmava em meu coração.

CHEGUEI AO LOCAL DO ENCONTRO previamente agendado, na área aberta do jardim, debaixo das majestosas árvores parecidas com as Colunatas de Bernini. Sentamos nos bancos de pedra em forma de mandala.

Éramos dez pessoas reunidas em círculo, sob a orientação de um homem jovial e sereno. Uma presença ágil, centrada, gentil e segura. Não vestia manto cor de açafrão, não tinha a cabeça raspada nem os traços do rigor intelectual dos jesuítas. Talvez uma mistura dos dois. O que importa é que ele cativava por sua luz e irradiante paz.

Enquanto o grupo se recolhia, eu observava Marcello – um perfil talhado pela disciplina e o olhar distribuindo bondade, tolerância e compaixão.

Compenetrado, ele nos acolheu com um afável *buongiorno*.

– Gostaria que se apresentassem. Digam o que quiserem: nome, nacionalidade, por que estão aqui – disse com voz segura, mas despretensiosa.

Uma senhora se levantou timidamente e falou:

– Estou aqui porque quero trazer minha família de volta à união e à paz.

– Meu nome é André. Sou empresário. Quero aprender a ser líder sem tanto estresse e mais motivação – disse um homem sentado, em tom de voz linear, sem outros comentários.

– Sou Luciano, sou membro da pastoral da juventude de Milão. Quero conhecer mais profundamente a pessoa de Jesus e levar sua mensagem ao mundo, como fez Francisco – disse um jovem com entusiasmo.

Enfim, um grupo heterogêneo, formado de pessoas que, por motivos diversos, buscava luz para seus caminhos.

Eu me sentia uma estranha travando minha própria batalha: a dor com as recentes perdas, o medo de deixar a vida me escapar sem sentido e a experiência que acabava de ter... Estava perdida sem saber em que fio me apegar. Falei sob o impulso do coração:

— Sou Beatriz e estou aqui em busca de uma existência mais plena. Tão plena quanto eu puder absorver.

Depois Marcello tomou a palavra:

— Sou Marcello. Como vocês, estou aqui para aprender, aprofundar e crescer nos caminhos da percepção e da fé. Nada tenho a ensinar, apenas estimular para o caminho da própria verdade. Portanto, minha ajuda é simples e dispensável para quem não se encontrar neste método. Após um breve relaxamento do corpo e da mente, apresentarei um tema, que pode servir de orientação para o dia. Depois cada um continuará em silêncio sua meditação, o encontro com o próprio eu. À tarde, se alguém desejar uma conversa pessoal, estou na sala dois, no térreo, ao lado da capela.

COMO TODO BOM JESUÍTA, ex ou confesso, Marcello tinha suas estratégias para nos concentrar. Arguto observador do comportamento humano, iniciou com um mantra, não os mantras budistas, mas uma mistura de palavras ocidentais com a melodia do Oriente:

— *Pai, Pai, Pai,... on... on... on... Pai nosso... Pai, Pai, Pai,... on... on... on...*

Começamos em voz alta até acabar em silêncio. A repetição das simples palavras numa modulação de voz, sempre mais lenta e baixa, nos induziu à meditação.

Agora, de olhos fechados, sentados à sombra das árvores, nosso corpo se entregava ao relaxamento enquanto eu tentava aquietar a mente. A doce melodia da natureza falava mais alto, e foi preciso disciplina para me recolher em mim e apanhar as palavras que vinham calmamente da boca de Marcello com vigor e simplicidade, como gotas de chuva a serem recolhidas na graça:

– Abra seu coração e se entregue até não pensar em mais nada. Não force. Simplesmente permaneça. Se vier alguma distração repita em silêncio, interiormente, a palavra *Pai* ou outra que você ache mais significativa. Respire fundo e solte o ar lentamente. Preste atenção aos intervalos entre sua inspiração e expiração. Continue de olhos fechados e imagine que o amor de Deus está preenchendo tudo em você e à sua volta. Imagine-se no aconchego de um Deus cheio de graça e misericórdia, em cujas mãos repousa a vida de cada ser. Deixe que o amor se faça convicção. Aproprie-se desta verdade: *Deus é amor, princípio de toda a existência.*

– Você consegue perceber?... Está sentindo essa rede de conexões interligando toda a criação? – deixou a pergunta solta no ar e acrescentou: – Agora, imagine essas mãos divinas, benditas, chegando até nós, em forma humana, e num projeto de amor gratuito, ligam o céu e a terra. Sinta-se incluído nesse projeto como ser único, irmão de todos e de tudo. Sinta irmandade com as dores, as dúvidas, as alegrias e conquistas de toda a criação. Olhe para dentro de si e diga: minha vocação e minha responsabilidade começam aqui onde habita uma centelha desse amor.

Depois, Marcello abriu a Bíblia em Mateus 22,35 e trouxe-nos o diálogo de Jesus com um escriba, um professor da fé:

"E um deles, doutor da lei, querendo experimentar Jesus, interrogou-o, dizendo: 'Mestre, qual é o grande mandamento na lei?'. E Jesus disse-lhe: 'Amarás o Senhor teu Deus de todo o teu coração, e de toda a tua alma, e de todo o teu pensamento. Este é o primeiro e grande mandamento. E o segundo, semelhante a este, é: Amarás o teu próximo como a ti mesmo'" (Mt 22,35-39).

Meus ouvidos queriam ser gravadores para não perder nenhuma palavra e mais tarde resgatar, uma por uma, com seu significado. Mas tudo o que eu consegui captar foi mais ou menos isso:

– Inverter a ordem dos substantivos enfatizando o último por primeiro, *amar a ti mesmo,* é questão de processo. Se não nos amarmos primeiro, seremos incapazes de amar a Deus e qualquer outrem. O amor alimentará nosso ser, terá asas para voar e forças para se reinventar, se for primeiro cultivado em nosso próprio jardim. Creio, porém, que aí, onde nasce o amor criativo, vinga, também, a resistência a esse mesmo amor exigente. É no mesmo chão que cultivamos os desejos de bem e criamos obstáculos aos nossos anseios. Sim, sou eu que crio minha realidade e também meu limite. Por isso não dá para fugir de nós mesmos. Ou aprendemos a alinhar nossas forças contraditórias ou passaremos a vida andando em círculos, sem chegar a lugar nenhum...

Marcello parou refletindo sobre as palavras que havia acabado de pronunciar. Abraçou carinhosamente seus cotovelos e continuou:

– É dentro de meu santuário que se fazem as escolhas. Minhas opções têm consequências sobre toda essa rede de relacionamentos, portanto, é um preceito cuidar do meu ser interior. Sou sempre eu, eu e mais ninguém, que escolho se quero ou não amar, a quem quero amar e como será o meu amor.

Eu escutava atenta e, ao mesmo tempo, descrente de minha coerência, pois a razão cutucava-me sem rodeios: *Você se propõe ao bem e, meia hora depois, já tomou outra direção, Beatriz. Como está seu piloto interior?*

– Lá, na essência de seu "eu", está a semente do amor divino, puro, criativo, eterno – ecoava a voz de Marcello. – Nosso corpo vai cumprir sua jornada, mas esse tesouro escondido no profundo de nós mesmos é para sempre, porque centelha da Luz Divina. É esse amor que busca unir-se à Fonte. É ele que ama a beleza, o bem, a harmonia, a paz. São as centelhas desse amor que iluminam nosso caminho e apontam para um horizonte seguro.

Com o olhar certificou-se de que estávamos conectados, depois continuou:

– O místico e poeta São João da Cruz já dizia: "... na tarde da vida seremos julgados pelo amor". Sem esse carimbo em nosso passaporte não seremos reconhecidos cidadãos do Reino dos Céus. "Vinde, benditos de meu Pai! Recebei como herança o Reino que meu Pai vos preparou desde a criação do mundo! Pois eu estava com fome e me destes de comer; eu estava com sede e me destes de beber; eu era estrangeiro e me recebestes em casa; eu estava nu e me vestistes; eu estava doente e cuidastes de mim; eu estava na prisão e fostes me visitar" (Mt 25,34-36).

– É preciso que o amor brote primeiro em nosso eu interior, onde somos a imagem e semelhança de Deus, para depois manifestar-se em atitudes – insistia com nuance de voz adequada ao sentido. – Nutrir-se da Fonte deste amor inquebrantável é uma missão para a vida toda. Porque é quase imperceptível o sopro que alimenta esse tesouro escondido em nós. Facilmente nos perdemos no escuro, na ilusão, roubando de nosso próprio patrimônio o brilho dessa pérola verdadeira, lapidada no silêncio e na intimidade de nós mesmos.

Não sei onde você está agora enquanto me lê, mas dá para imaginar um grupo sentado ao ar livre e envolto em profunda quietude? Pois é assim que estávamos. Eu ouvia somente as palavras de Marcello misturar-se às perguntas que continuavam a afluir à minha mente: *Veja por onde anda seu coração? Onde está teu Tesouro, Beatriz?*

– De dentro de nós, o amor observa tudo. Vigilante, consciente, faz suas opções construtivas, guiado pelo senso do bem, do belo, do positivo... mesmo na dor, porque o amor que vem de dentro é amor de mãe, sai do ventre, das entranhas, do olho do coração. É esse amor que dá sentido à vida, à história, ao universo...

Uma voz tímida interrompeu Marcello. Era uma senhora de cabelo grisalho e olhar sombrio:

– Gostaria de entender melhor: em que medida o amor a si mesmo pode ajudar a crescer e ser feliz? – perguntou. – Porque hoje se fala muito de autoestima, mas percebo que, às vezes, essa compreensão não passa de egoísmo, de autossuficiência...

Houve troca de olhares e um leve murmurinho entre nós...

– Boa pergunta. O que vocês acham?...

– Eu não acho egoísmo, não – interveio outra senhora de meia-idade. Muito pelo contrário. Acho que é assim mesmo, é dentro de nós que encontramos a motivação, a força para a felicidade, para o respeito e a tolerância com os outros.

Nesse momento, um senhor alto, de cabelos desalinhados, disse com certa convicção:

– O ensinamento de Cristo é verdadeiro, mas muito difícil de praticar, porque, como dizia Freud, o homem não ama a si mesmo. É muito difícil..., é algo quase impossível. Do mesmo jeito que é difícil amar o outro, é difícil amar a si próprio. Talvez por isso o preceito: "Ame o seu próximo como a si mesmo" ou "Não faça a outrem o que você não deseja para si", está no princípio de qualquer doutrina humanitária, de toda religião.

Eu também queria falar, mas as perguntas empurravam-me para tantas direções. Por isso, tentei manter-me paciente.

– Não cabe aqui entrar na complexidade de nossa psique – falou Marcello –, porque o amor é uma permuta de energia trançada numa malha tão fina e sutil, que é impossível separar um fio do outro. Mas está comprovado que aprendemos a nos amar porque alguém nos amou primeiro. E não estou falando apenas do amor divino, nem mesmo do amor humano. Às vezes é um animalzinho que nos ajuda nesse aprendizado. Uma coisa é certa: só podemos projetar amor sobre os outros se o cultivamos em nós mesmos.

Voltamos ao silêncio, centrados na fala de Marcello.

– Quando fazemos a experiência do amor no nível espiritual, quando nos sentimos amados por Deus e sentimos que ele ama tudo e todos, então não é impossível amar aos outros como a nós mesmos. O amor que vem da fonte interior é compreensivo e carinhoso e, quando for preciso, é capaz de se tomar no colo, se olhar no espelho e se refazer convicto de que a gente cresce no vínculo com a alteridade.

– O amor tem sua própria ousadia – confirmou, lançando um olhar sobre o grupo. – É generoso, devotado para a causa do outro. É capaz de vigiar disfarçado à beira de um leito, às portas do opressor, cuidadoso com o destino do irmão. Esse amor-cuidado tem senso de responsabilidade com suas escolhas; livre, é capaz de se amar e contagiar com sua ternura.

Tomou novamente a Bíblia e nos convocou:

– Vejam o que diz o apóstolo João em sua primeira carta – abriu no capítulo 4, versículo 16: – "Deus é amor, e quem permanece no amor permanece em Deus e Deus nele". O amor de Deus é um amor ágape, gratuito, providente, incondicional e sem medidas. É um amor eterno e inquebrantável. São Paulo escreve aos romanos: "... nem a morte, nem a vida, nem os anjos, nem os principados, nem o presente, nem o futuro, nem as potências, nem a altura, nem a profundeza, nem outra criatura qualquer será capaz de nos separar do amor de Deus, que está em Cristo Jesus, nosso Senhor" (Rm 8,38-39).

Houve uma pausa silenciosa, mas fluente, preenchida...

– Isto exige de nós vigilância porque nós amamos, quase sempre, porque somos amados ou para sermos amados. É muito prazeroso e natural sentir-nos amados e reconhecidos amorosos. O exercício do amor gratuito e incondicional é longo e exigente. Quando formos capazes desta experiência, saberemos que o divino está em nós. E a única resposta adequada que podemos dar a esse amor é o próprio amor. E somente permanecendo no Sopro do Espírito somos capazes de aceitar os outros componentes dessa mesma fibra espiritual: o sacrifício, o desprendimento, o não julgamento, a cura de nossas feridas e emoções.

Com gestos calmos e olhar acolhedor, Marcello nos manteve amalgamados ali, juntos e centrados em nossos próprios laboratórios.

– Tudo deve ser amado, a começar por nós mesmos, até onde nossas faculdades puderem alcançar, porque Deus habita em mim e em toda a realidade criada.

Limpou a garganta, e com um leve sorriso, afirmou:

– É o aprendizado para a felicidade; uma encantadora aventura para a plenitude... O amor surge do âmago de nosso ser, nas profundezas de nossa liberdade, com carta de alforria, livre, gratuito, generoso, altruísta e revolucionário – concluiu, fechando a Bíblia.

Estreitou os olhos e sorriu feliz:

– A boa notícia é que Deus não nos obriga a amar, nem a ele mesmo. É bem isso aí. Somos sempre livres de aceitá-lo ou recusá-lo. O amor em todas as formas é sempre uma opção, por isso ele é livre como o vento e forte como o fogo – acentuou com tom enfático. – Ele nasce da liberdade e ninguém pode impedi-lo de viver. Ninguém pode nos obrigar nem impedir a aventura de amar, dando sentido à nossa vida, e, juntos, dar sentido à história humana.

Eu sabia que o amor é uma questão existencial, e nenhuma palestra ou cursinho intensivo nos dá diploma para esta virtude, contudo, tinha também a certeza de que essa chama se alimenta na partilha. E o que estávamos ouvindo nessa atmosfera de contemplação era um sopro na brasa.

– A força divina pulsa em nosso coração como imperativo, mas é tão livre quanto Deus. Deus está no amor! O amor está em Deus! Deus é Amor e o Amor é Deus. E para todos, sem exceção.

Meu ouvido já tinha retido tanto que estava prestes a extravasar. Desliguei-me da fala de Marcello e escrevi em minha agenda:

Tu em mim és o amor. Eu sou amor.
Tu em mim és o poder. Eu sou poder.
Tu em mim és a liberdade. Eu sou liberdade.
Tu em mim és a verdade. Eu sou verdade.
Tu em mim és Deus. Eu sou divina.
Tu em mim és humanidade. Eu sou humana.

Paro ao ouvir Marcello dizer:

– Agora fiquem com vocês mesmos. Prestem atenção à dinâmica da vida. Escutem seu diálogo interior – continuou com um leve movimento dos lábios. – Tatear, saborear, ruminar é agora uma experiência individual – e se retirou calmo e respeitoso.

CONCEDO-ME uns minutos para uma serena retrospectiva do dia, feita de rápidos *insights* fragmentados. Não só o que vi, mas também o que tateei com o coração estava lá... Calma e paciente procuro nada forçar como me foi ensinado. Trago a consciência de volta a minha respiração e sem constrangimento deixo o grupo se dispersar. Continuo firme sobre o banco de pedra atenta à calma, ao espaço donde surgem os ruídos, ao silêncio por baixo de cada movimento de vida...

Passado um tempo, sento-me na grama aquecida pelo sol. Sinto o calor da terra, seu calor de mãe. Estendo meus braços no desejo de envolvê-la, mas, embora filha, sou apenas um pequenino grão nesse majestoso planeta. Como seria capaz de abraçar sua magnitude, compreender os longos anos de sua história ou diagnosticar em seu ventre a vida prenhe de possibilidades?

Então, deito-me de costas sobre seu corpo e solto a imaginação. Visualizo nosso planeta azul embrulhado em brancas nuvens. Seu entorno expõe as partes sólidas de enormes entrâncias e saliências, banhando-se num mar líquido verde-petróleo. Contemplo sua beleza e sinto sua fragilidade.

Imagino esse gigantesco planeta – a Mãe Terra – solto no espaço, rolando ao redor do sol e, ao mesmo tempo, em torno de si mesma. Ensinaram-me que sua velocidade é vertiginosa, no entanto, sinto-a firme e serena. Nenhuma incerteza: surge o dia, desce a noite, e nessa atitude de mãe repousa a vida de todos nós.

Pergunto:

– *Quem és?... Incógnita e solitária, tão longe de mim e tão perto, que sou feita de ti.*

Sua resposta foi um canto, uma música sugerindo intimidade e reverência. Viro o rosto – ouvido colado em sua pele –, tento decifrar seus segredos:

— Escute a água que circula em minhas veias, sinta o fogo que arde em meu peito. Percebes?... Escondo ouro e prata em meu bojo, colho sementes, nutro raízes, transmuto corpos. Sou o berço e a sepultura da vida. Também em mim há forças opostas, mas tudo abraço como projeto de meu criador.

Nessa hora uma energia palpável me aquecia. Encolhi-me em posição fetal. Então, um tênue sussurro de mulher grávida falou ao meu ouvido:

— Vês..., carrego a bordo, indistintamente, todas as criaturas para que recebam, em turno, a visita do sol e o embalo da lua. Percebes como troco as vestes em cada estação para que todos os filhos da luz recebam vida?

Depois continuou a falar-me da docilidade com que oferece seus ombros; da globalidade de suas relações; do jogo com que equilibra os opostos e de como, pisada, sulcada, ferida, ela continua cumprindo sua missão.

Paro e ouço... não um choro, mas um gemido silencioso, quase um clamor que me faz estremecer:

— Meus filhos me exploram, intoxicam, dominam e destroem. Mas, porque sou mãe e não madrasta, os carrego com carinho, como filhos de meu Criador. Ele me desposou e me tornou fecunda ao ordenar: "Produza seres vivos, cada um segundo sua espécie: animais domésticos, répteis e feras" (Gn 1,24). Selou comigo um vínculo sagrado que me une ao céu como futuro de esperança para suas criaturas: "Colocarei o meu arco nas nuvens, e ele se tornará um sinal da minha aliança com a terra" (Gn 9,13). Em mim sua palavra criadora é, e será sempre, um canto de seu amor, de sua bondade e paixão pela humanidade.

Viro... debruço... e ela confidencia-me que guarda com respeito os vestígios e lembranças de nossos ancestrais. Que acolheu o corpo do Filho do Homem e o devolveu ao Pai. Que o Sopro do Espírito a embala e fecunda, aberto à criação que se renova nas surpresas e realidades do cotidiano.

Sinto meu corpo arrepiar e compreendo o grande sacramento que é a Mãe Terra. Na intimidade, sobre sua pele cálida, entrego-lhe o mais sagrado beijo. Foi, então, que percebi sua pele moldar-se entregue às mãos ternas e amorosas do grande Criador do universo.

Meu pensamento voa para trás. Folheio, às pressas, minha agenda – páginas antes –, onde havia transcrito uma fala de Santo Agostinho em suas *Confissões*:

Mas o que amo quando te amo, Deus? Não a beleza de um corpo, nem a atração da vida, nem o esplendor da luz, amiga destes meus olhos, não as doces melodias de uma infinita variedade de cantos, nem o suave odor de flores, unguentos e aromas; não o maná e o mel, nem os membros gratos aos amplexos da carne; não é isto que amo quando amo o meu Deus. Existe, no entanto, certa luz e certa voz, certo perfume e certo alimento e certo amplexo que amo quando amo o meu Deus: a luz, a voz, o perfume, o alimento, o amplexo do homem interior que está em mim, onde minha alma é inundada pela luz que o espaço não contém, onde há uma música que o tempo não segura, onde há um perfume que o vento não dispersa, onde há um sabor que a voracidade não extingue, onde há uma união que a saciedade não alenta. É isto que eu amo quando amo o meu Deus.

Um tanto insegura, pergunto ao meu coração:

– *Tu, o que amas? Sim, tu, Beatriz, o que amas quando amas Deus?*

Minha resposta foi uma explosão:

– *Amo a vida. Amo sua Majestade, o Universo. A energia cósmica. Amo a dança dos astros. O planeta Terra em rotação. O tamborim e a guitarra que louvam o Criador. Amo os elementos que se projetam nesse gigantesco telão universal. Amo todos os seres, todas as cores, todos os sons. Amo com todos os sentidos, tudo o que é "sim" à vida, tudo o que é bom. Amo a ciranda da existência humana: a permuta, a solidariedade, a amizade, o perdão. Amo o trabalho, a equipe e o mutirão; o protesto e a voz da indignação.*

Reprimindo as lágrimas, continuo:

– *Amo a comunicação, as descobertas, a arte da conexão. Toda a criatividade. Todos os gestos de bondade. Amo as dores do amor porque são parteiras da evolução. Amo os dois livros, o da Vida e o da Bíblia. Amo a Torá, os Sutras de Buda e o Alcorão. Amo tudo o que revela teu amor, misericórdia e compaixão. Amo o poeta, o místico, o profeta. O pesquisador, o cientista, o trabalhador. Amo a Vida nas quatro dimensões: biológica, psicológica, social e espiritual. Amo-te sobre todas as coisas, a começar por aquelas que confiaste ao meu coração.*

Após esta declaração de amor vinda como resposta do meu próprio coração, senti-me completa, como se minha alma tivesse absorvido o mundo, com a eterna sensação de ter nascido para amar. Amar com ousadia como só o amor sabe fazer. Sensação misteriosa de que Deus está pertinho, quase brincando com minhas palavras, pedindo juras de amor quando voltasse ao meu cotidiano.

– *Você vai me amar quando a inveja lhe puxar o tapete e a deixar desacreditada? Quando lhe for negada a capacidade de liderança, deixando-a destruída na alma e na pele? Você vai me amar quando a pessoa amiga trair ou a menos amiga fechar-lhe a porta? Quando as atrações do consumismo lhe fizerem perder a cabeça? Quando a violência decepar vidas ou a corrupção simular ares de caridade?*

Depois de um rosário de interrogações, antes que a dúvida se agarrasse em mim, e a consciência convocasse um duelo entre o querer e o fazer, disse timidamente como Pedro:

– *Tu sabes tudo, Senhor. Sabes que eu te amo.*

ENQUANTO CAMINHAVA pelo jardim, meu coração suplicava:

– *Nutra-me também com teu amor, meu Deus. Porque, quando míngua o amor, o medo toma conta de mim e no medo a insegurança, a carência, o preconceito, o julgamento precipitado, a crítica. Abra meus ouvidos e minha boca para que, impregnada de teu amor, eu o testemunhe com minha vida.*

Aproximava-me do mosteiro, quando ouvi uma melodia gregoriana convidando a proclamar:

Os céus declaram a glória de Deus
e o firmamento anuncia a obra das suas mãos.
Um dia faz declaração ao outro dia,
e uma noite mostra sabedoria a outra noite.
Não há linguagem nem fala onde não se ouça a sua voz.

Era a comunidade de Irmã Felícia cantando o salmo 19 na oração do meio-dia. Confesso a você que senti inveja. *Essas criaturas* – pensei –, *como os pássaros do céu e os lírios do campo, podem reunir-se todos os dias, a qualquer hora, para louvar seu Criador.*

Uma deliciosa sensação de mistério e paz preenchia tudo ao meu redor. Eu caminhava professando fé nessa vida que nasce da inteligência amorosa de nosso Deus.

Um por um, chegávamos para o almoço de mansinho, acolhendo pela fala do corpo a energia que nos irmanava. Houve aconchego... E um silêncio familiar nos manteve apaziguados, feito crianças encontrando o peito. E nessa pausa do amor fomos todos alimentados como abelhas reprodutoras.

DEPOIS DO ALMOÇO folheio o jornal *L'Avenire*. Leio algumas notícias e sou levada a pensar que as pessoas veem o mundo como um cestinho de lixo. Puxam para fora tanta coisa doida, ensanguentada, amarrotada e a desdobram maquiada, sobre um papel ou na tela, para fazer reprise do que já causou dor, já foi errado. Por quê? Por que fazer tanto ibope de tudo o que é tragédia? Não devo ler jornal próximo à refeição – volto a me recriminar –, mas continuo no desejo de me conectar com o mundo, meu parceiro no dia a dia e, então, prossigo. Meus olhos não desistem e encontram um provérbio popular: *Gli amori sono come bambini appena nati; finché non piangono non si sa se sono vivi.*

Minha Santa Clara, padroeira das comunicações! Não deixe que a cultura moderna, tecnológica, mate a poesia. Eu amo as novas tecnologias de informação e comunicação, mas penso que se a humanidade perder o aprendizado da poesia, não colherá mais pérolas como a que acabo de ler: *Os amores são como bebês recém-nascidos: somente quando choram temos certeza de que estão vivos.*

Deixo o jornal e, a caminho do átrio, minha memória resgata uma fala do sociólogo Marc Augé que me impressionou quando li o livro *A guerra dos sonhos*. Ele diz mais ou menos isso: hoje, nosso olhar enlouquece diante do espetáculo de uma cultura midiática que se perde em meio a cópias, clichês, plágios, luzes e comentários, sem que um princípio organizador dê sentido a essa dispersão que se faz de realidade.

Por isso, é com certo receio que aplaudo a euforia da produção técnica da comunicação, porque podemos nos desintegrar ou, quiçá, sufocar o espaço encantador da poesia e do sonho. Dá para imaginar a vida sem rimas e sem a ousadia de sonhar¿!

Alegro-me a pensar que você deve estar concordando comigo, mesmo se na prática percebemos nossas incoerências. Eu mesma me apanho, agora, numa dessas contradições do cotidiano. Deixo o jornal para acessar a internet. Estamos enredados. Não tem mais jeito... E no Facebook encontro Fernanda – aquela jovem que me sugeriu este espaço – querendo colo, pedindo ombro.

Fernanda é uma espanhola de olhos fogosos, 25 anos, superfeminina e determinada em seus objetivos. Odeia perder batalhas, o que raramente acontece. Agora leio no "mural" dela este desabafo:

"Bia, ontem à noite Diogo e eu rompemos. Estou em frangalhos. Volte já."

Ah, eu não aguento ver alguém chorar por amor. Choro junto, sabe...

Respondi imediatamente. Limitei-me a estas poucas palavras:

"Oi, Fernanda, deixe o tempo levar embora essa dor, querida... Aguente firme e forte, não permita que a depressão ou qualquer outro fantasma se hospede em sua casa. O que importa é que você está viva. Escreva-me por e-mail."

Sugeri que me escrevesse por e-mail, porque não negocio muito bem, ainda, com essa nova mídia. Para mim, que gosto das palavras com seu significado, o Facebook me diz que, nesta rede social ou coloquial, você se expõe. Na minha concepção o *Face* não é um lugar apropriado para falar das dores do amor. Você se expõe demais. Além do que é perigoso entregar-se a qualquer império sem conhecer-lhe as leis que o regem. Quem é que sabe o que está por trás dessa rede virtual? Eu, hein..., vou devagar...

Você há de convir comigo. Depois de romper um relacionamento amoroso de mais de três anos é, no mínimo, imprudente expor-se para o mundo virtual. Essa é uma teia de conexões complexas e cujos interesses ainda desconhecemos. Por que debruçar-se sobre essa janela, aberta a um público desconhecido, quando a decepção deixa nossa cara desalinhada e sem brilho? Quando a dor contamina as expressões faciais com ar de indignação e o humor com sabor amargo? Não é hora de aparecer em praça pública quando essa dor nos visita com seus trajes de luto, enrosca-se em nossa identidade e nem nosso próprio eu sabe distinguir se somos anjos ou bruxas. Você não acha?

Céus! Todos os que já vivenciaram essa dor sabem o quanto é cruel. Parece não ter consolo. Então, minha amiga, não se exponha na internet, por favor. Meu Santo Antônio! Cuide dela.

É muito ruim a dor de amor, ainda que esteja latejando em outro coração. As dores de Fernanda provocaram em mim uma reviravolta. Aquele desejo de mudar o mundo, que de manhã me jogou para cima, agora abaixa a cabeça e se esconde atrás de um turbilhão de indagações. Meu pulso acelera. Preciso apenas de um pouco de ar para que o caso Fernanda não me tire a vontade de contemplar a harmonia do universo e a eterna dinâmica do amor.

VOLTO AO JARDIM. Respiro fundo. Caminho em círculo. O corpo pede mais adrenalina. Faço meia hora de *cooper* e retorno à caminhada leve. Sintonizo outra vez com a natureza. Permito que meu consciente abrace meu inconsciente, concedendo-me a paz interior.

No fim da tarde, o jardim se torna mágico e encantador. Deixa a sensação de que Deus passeia, descontraído, entre um ângulo e outro envolto na brisa suave. Inspiro o ar como força de vida e deixo minha energia fundir-se com essa presença à minha volta até entrar no meu ritmo natural.

Sentado num banco, Dom Vittorio parecia estar à minha espera. Faz sinal para que me aproxime. Convida-me a sentar ao seu lado. Apenas um sorriso acolhedor e repete:

– O que está fazendo, Beatriz?

— Amando. Hoje estou à escuta do amor.

— O amor?!... – disse com forte expressão de sobrancelhas. – Você sabe o peso exato do amor?

— Hummm, não sei!... Estou querendo entender – disse um tanto temerosa...

Ele se virou para mim, incentivando-me a continuar.

— Ao observar o amor que Deus demonstra a suas criaturas, parece que ele me diz: *Ame a mim, ame todas as coisas, sem esquecer-se de amar a si mesma. Ame sem esperar retorno. Ame incondicionalmente, teimosamente e até o fim.* Por isso, procuro aprender com ele a arte de amar.

— Ah – assentiu Dom Vittorio.

Arrisquei verbalizar meu pensamento:

— Porque Deus ama até o fim, de forma plena, sem condicionamentos. Nós amamos um taantiiinho como Deus, mas muito pouquinho ainda, não acha, Dom Vittorio?

Então, ele relaxou os ombros, balançou a cabeça, olhou-me esquivamente e declarou:

— *Come sei dolce...* – abanou a cabeça. – *Sei proprio una brasiliana.*

— Considero isso um elogio a toda mulher brasileira – falei sorrindo.

— E é – confirmou com um pequeno sorriso, deliberadamente meigo. – Vocês brasileiros são um povo doce, gentil, firme e carinhoso.

Trocamos um olhar terno e, então, quase à queima-roupa, ousei novamente:

— Dom Vittorio, fala-me do amor no entardecer da vida.

Ele mordiscou o lábio inferior. Olhou demoradamente para o infinito e começou a gotejar, em forma homeopática, sua filosofia que os anos haviam destilado.

– No entardecer, o amor é um vinho que se bebe na intimidade. É uma valsa em tom menor. Uma releitura, que se faz baixinho, em branco e preto.

E firmando a voz:

– São perdões silenciosos, concedidos por Deus e oferecidos na paz.

Esboçou um sorriso corajoso:

– É uma tocha que se deseja passar adiante. Um rio que se acalma para se unir ao mar.

Então, o sorriso tornou-se doce:

– É o beijo que se quer dentro, bemmm – arrastou – no íntimo, onde somente esse Outro Amor pode beijar.

Tomou minha mão para se levantar.

Emocionada, não desisti.

– Isso demora muito? É difícil, Dom Vittorio?

As extremidades de seu corpo encolheram-se rapidamente como as de um plástico ao calor das chamas, e proclamou sem hesitação:

– Só para os medrosos. Só para os medrosos, Beatriz. Quando podemos vislumbrar o tempo que ainda nos resta, percebemos que, do que se passou, grande parte nos foi roubada pelo medo, e parcos momentos foram de coragem.

Enfatizou:

– Esses momentos fazem a diferença.

EU ABSORVIA as palavras como uma esponja, ali, lado a lado, enquanto caminhávamos a passos lentos.

– O amor nunca se aposenta, apenas amadurece.

Parou de frente, fez uma breve pausa e continuou:

– No entardecer a gente vira um pouco do avesso, Beatriz. Aceitamos os poucos fios de cabelo, as rugas no rosto, os olhos sem brilho, o fino traço dos lábios, a pele seca, o corpo trêmulo, o passo lento, como quem se prepara para outra viagem. As coisas que interessa levar de bagagem são outras, mas todas elas embrulhadas no amor, viu¿! Mais do que nunca, embrulhadas no amor – disse gentil, mas firmemente.

– Isso dói, Dom Vittorio¿ Por que há os que acham feio envelhecer!

– Só para quem não entende – acrescentou quase cantarolando –, só para quem não entende...

Estendeu o braço para se apoiar no meu e fomos para o jantar.

Na porta, fez nova pausa:

– O amor é uma bomba secreta. Se você o pisa, ele te destrói; se você o cultiva, ele te coroa. Guarde isso.

Olhando para o jardim apontou:

– A rosa pode te despertar tanto te perfumando como te ferindo com seu espinho. Assim é o amor. Ele responde conforme o toque.

Houve um pequeno suspense e ele prosseguiu:

– O amor não envelhece. Ele apenas troca as vestes. Vai ficando mais leve, volta a ser inocente, sem maldades. Como diz o provérbio árabe: "A gente vê as coisas com os olhos da idade".

Sorrimos. Eu me sentia absurdamente privilegiada.

– Beatriz, se você colhe uma flor para possuí-la, ela deixa de existir. Mas se você a cultiva, ela se perpetua na semente. O mesmo acontece com o amor, quando você o abraça para retê-lo, ele congela, deixa de aquecer – e virando o rosto mais para meu lado, continuou:

– Resistir ao amor é privar-se de crescer, de voar, de embeber-se de infinitos.

Depois, quase sussurrando:

– Aposte no amor, Beatriz, e o tempo será curto demais para chorar qualquer perda.

Bem, o foco principal de nossa conversa se deu nesse momento, antes do jantar. Depois foram amenidades sobre cultura e gastronomia. Irmã Felícia havia deixado, na mesinha ao lado, sobre uma pedra quente, uma pizza de anchovas e mozarela. Deliciosa, mas um pouco picante. Uma descoberta recente para mim que à noite costumo comer saladas e queijo branco. Saboreamos a *panna cotta* de sobremesa, enquanto Dom Vittorio explicava ser aquele um doce típico da região norte da Itália. Apesar de originalmente aromatizada apenas com baunilha, aquela era regada a rum e com o creme de leite formava um apetitoso pudim. Recordou como sua mãe a servia acompanhada de caldas de frutas. Depois foi até a mesinha da pizza e surpreendeu-me com um gesto singelo, mas profundamente significativo:

– Você está vendo esse fósforo – disse, enquanto o acendia.

– Sim, vejo.

– A chama sempre se eleva, mesmo quando o palito vai inclinando – fez isso virando todo o fósforo, enquanto a chama bruxuleava intensamente voltada ao alto. – É da natureza do amor elevar-se, ele não consegue puxar para baixo. E isso o identifica, não a idade.

E a lembrança da desilusão, da dor e do aprendizado, em minhas experiências amorosas, uniu-se à chama do fósforo e, centrada naquela superposição de imagens, afirmei:

– Que incrível! Como nunca pensei nisso...

Saíamos em direção ao mosteiro, quando Dom Vittorio olhou para o céu no qual começavam a piscar algumas estrelas. Parou... recitou quase em verso:

– O sol da manhã nos energiza e na noite as estrelas nos apaziguam... O amor antes caloroso, no entardecer torna-se doce e manso.

Sorrimos satisfeitos... depois nos despedimos com um beijinho de boa-noite. Dom Vittorio ficou acenando com a mão, como fazem os italianos:

– *Ciao, bella, ciao.*

JÁ NO QUARTO, acesso o e-mail e encontro Fernanda. A dor e a paixão alternavam-se em volta do mesmo fato: o rompimento com Diogo.

"Querida amiga, você sabe o quanto investi nesse relacionamento e o futuro que sonhei com Diogo. Agora, ele me deixou... Meu pensamento está nele o dia inteiro. Ah! Como queria agora mesmo arrancá-lo do meu coração, mas não consigo! Por que ele fez isso comigo? Pergunto-me. Tínhamos sonhado passar a vida juntos. Sonhos bonitos e eternos. Parecia tão sincero, franco, respeitoso... Cafajeste! Tomara que sofra até aprender a amar. Não se faz isso

com os sentimentos de ninguém. Odeio ele. Para sempre! Ele morreu para mim. Não quero mais ver aquela cara de traidor... Estou mal, amiga. Não demore. Abraços! Fernanda."

Ajoelho-me aos pés da cama. Meus olhos já procuram uma imagem na parede – não sei por que nos ensinaram a rezar olhando para uma imagem – quando o que eu quero, neste exato momento, é ficar quietinha, deixar que ele me beije lá dentro, no mais profundo, onde só Deus pode beijar, como disse Dom Vittorio. Lá onde está sua imagem. Bem dentro de mim, fundida em mim, carimbada, tatuada em mim. Permaneço de joelhos, olhos fechados. Recolho as imagens, as palavras, os sentimentos, tudo o que vivi nesse dia.

– *Querido Deus. Fizeste-nos a mais surpreendente e criativa obra do universo, e nos vemos assim, tão frágeis e complicados. Mas não vou raciocinar. Sei que a viagem para a felicidade não é fácil nem rápida. Ajuda-me a ser cautelosa e perseverante. Peço que tua ternura me desarme. Tua voz me dê repouso. Faz que meu olhar seja tão manso para os outros como o teu é para nós, querido Deus. Que teu amor seja luz afastando todas as sombras que nos paralisam. Que ele cuide de mim, de todos os meus irmãos e especialmente da dor de Fernanda e Diogo. Obrigada por tua bênção! Agora me deito para dormir. Guarda-me no teu amor. Se eu não acordar, recebe-me na tua terna bondade. Se eu acordar, ajuda-me a ser melhor do que ontem e hoje. Amém.*

– Tudo é bom! – declarei, com a certeza de que a harmonia se faz na desordem do caos.

Então, Deus rubricou minha declaração.

Foi o primeiro dia.

Segundo dia

Eram sete horas e a preguiça, de plantão ao lado da cama, ditava mil justificativas para aproveitar esse momento. As anchovas da pizza continuavam agarradas ao meu estômago, feito algas no fundo do mar. E como parece ser óbvio que o vilão de uma noite maldormida seja sempre o último petisco, eu, que amo anchovas, decreto nunca mais dar-lhes guarida à noite.

Meu corpo em estado de dormência, letárgico, preguiçoso, igual a um caramujo enroscado em sua própria casa, acaba me convencendo. Aconchego-me um pouco mais e resolvo fazer o relaxamento deitada, rompendo o firme propósito do dia anterior de ser fiel aos exercícios físicos.

A mente começa a tagarelar e o corpo teima em não se mexer.

Deitada, exercito o cérebro, repetindo os comandos já registrados em minha memória. Visualizo, apenas visualizo...

RELAXE. Respire fundo. Leve e calmamente, vire a cabeça em movimentos rotatórios, da direita para a esquerda, agora, da esquerda para a direita. Devagar para sentir os movimentos musculares, a complexa organização de todo o organismo. Com as mãos cruzadas sobre as têmporas, puxe suavemente a raiz dos cabelos, enquanto faz pequenos movimentos rotatórios com a cabeça. Você está despertando milhares de redes neurais. Sinta o corpo e harmonize-o com o caminho de rotação do universo. Acorde o sistema nervoso central. Inspire e expire profundamente pelo nariz e diga sim à Vida.

Desperto e, enquanto faço os primeiros exercícios corporais, falo à minha alma, literalmente, com palavras audíveis aos meus ouvidos:

— *Bom-dia vida! Tome asas alegria e abasteça o espírito. Deixe o ontem e abrace o agora. Acolha a confiança e dê boas-vindas ao novo. Afaste o medo e atraia o amor. Acolha tudo como bênção e devolva tudo em forma de doação. Sinta-se responsável pelo seu destino e solidária ao da humanidade. Inspire o sopro do Espírito Criador e expire gratidão.*

Agora que o sim despertou meu inconsciente, absorvo o anúncio do novo dia como uma bem-aventurança. Sou morada do Altíssimo. Amiga da vida. Filha do universo. Elo de conexão com a natureza e mensageira da esperança.

Neste momento, procuro meu caderninho azul. Ah! Sim. Preciso contar a você a história dele. Foi Ilka, uma jovem senhora nissei, quem me apresentou ao caderninho azul. Fazia acupuntura com ela. Estava num daqueles períodos de barganha com a depressão, quando Ilka me deu um caderninho de capa azul, no qual escreveu na primeira página, exatamente assim:

Exercício: Local/Data/Hora
Faça-se a luz! (este cabeçalho sempre).
Decreto: (*Os decretos sempre em tempo presente*).
Exemplo: Hoje estou muito bem, o meu físico está em pleno funcionamento. Estou cheia de vitalidade, energia e dinamismo. Sou uma pessoa plena, alegre, feliz, etc. Está concluído! (terminar sempre com esta sentença).
Assinar: Nome e hora. Depois selar com a aceitação: Seja feita a vontade de Deus!

Na página anterior, Ilka desenhou um círculo com dois pequenos triângulos no centro. Em cada ângulo, de um a oito, números conectados em forma de rede. O círculo parecia uma célula, como podia ser um olho, uma semente, um microuniverso, mas, não sei por que, não me apeguei a ele, nem mesmo ao seu significado. Às vezes, esse círculo aparece em meu caderninho, outras não. Por um bom período fui – quase religiosamente – fiel a esse exercício de escrever meus desejos. Tenho mais de um caderno azul, e neles, pedacinhos de minha alma.

Minha querida amiga Ilka, que naquele tempo foi um pouco minha terapeuta, entregou-me o caderninho, pontificando:

– Faça esse exercício todas as manhãs. Escreva nele o que você quer e não o que está sentindo. A emoção, o sentimento são apenas a chave para descobrir seus desejos. Se você sentir uma emoção negativa, um sentimento de resistência, direcione seu pensamento para o bem que você deseja. Algo positivo. Decida em seu coração o que você quer e dê esse comando ao seu cérebro, escrevendo de forma afirmativa os seus desejos. Depois submeta suas decisões à vontade de Deus, pois nossa mente é pequena e atrapalhada para saber sempre o que é bom. O olhar de Deus é muito mais amplo. É infinito. Ele vê exatamente o que se passa dentro de nós, e nos guia para o melhor.

O significado da cor azul – cor obrigatória na capa – eu assimilei melhor.

– Azul – claro, celeste, nos faz sentirmos calmos e protegidos com as bênçãos do céu – disse-me Ilka. – O azul nos ajuda a controlar a mente, a ter clareza de ideias e a sermos criativos. Ao azul associa-se também generosidade, saúde, frescor, entendimento, tranquilidade.

– É tudo o que preciso e quero – escrevi:

O universo é uma fonte de bênçãos. Sou agradecida. Acolho todas as possibilidades de crescimento. A graça e a sabedoria divinas estão comigo. Há uma Fonte de Amor, de Energia do bem, no princípio de toda a criação. Confio no poder desta Fonte que eu chamo Deus. Sua luz me aquece. Seu amor me nutre. Estou exatamente onde devo estar. Quero ser receptiva às bênçãos divinas, generosa e cooperativa para com a felicidade de outros.

DEPOIS ABRO A JANELA. Um tênue véu de nuvens finas, baixas, enfileiradas, parecendo pequenos tufos de algodão, cobria boa parte do azul do céu. A voz de mamãe vibrou em minhas lembranças, como as cordas de um violão choroso: "Hoje vai chover, meu corpo está sentindo".

Mamãe tinha forte sintonia com a natureza. Sentia-se sensibilizada ao podar as roseiras, limpar um peixe ou cozinhar uma galinha.

Sob aquele cobertor de nuvens brancas, uma leve brisa varria as folhas secas e fazia rodopiar o topo das árvores. As andorinhas voavam em pares e as espécies buscavam abrigo e parceria. Calma, sintética, a natureza recolhia-se à espera da chuva.

Essa atmosfera levou-me para dentro de mim em conexão com meu ser interior. Por isso, essa manhã, eu não vou ao bosque. Sento na pequena varanda da janela, no quarto, e começo a contar as inspirações e aspirações. Inspiro o poder do universo e respiro gratidão. Até que uma voz, suave e precisa, vibra em meu ouvido:

— *Você só ouve o que está pronto para ouvir; só atrai o que está pronto para receber.*

Essa mensagem, gravada no meu inconsciente, quem sabe quando, veio à tona expandindo minha consciência:

— *É você quem dá a medida para sua felicidade. É você o criador de sua própria experiência. Tanto seus desejos como os obstáculos para sua realização estão em suas mãos.*

Paro e pergunto ao meu coração:

— *Que sentimento está presente em suas emoções, Beatriz? O que você está pronta para receber? Qual é seu desejo essencial?*

— Meu maior desejo é unir-me à Fonte Divina, no coração da vida; sintonizar com a energia pura, positiva, que está em mim desde o princípio; que me criou e me tece a todo o instante – murmurei quase em prece, e a "menina esperança" sorriu em meu coração.

Então, a resistência, a dúvida, o julgamento foram recuando e a certeza de uma presença invisível, mas real, foi realinhando pensamentos e emoções com a Fonte do Amor. Percebi que ao escolher conscientemente esta direção as polaridades serenavam. E se você já entrou nesse aprendizado sabe – ainda que em pequenas doses –, ele nos enche de paz.

Virei o rosto em direção do nascente e continuei a pensar: é preciso tempo para compreender e discernir quem é o que dentro de mim. Num primeiro momento, percebo que os sentimentos negativos – mesclados com os melhores desejos – ocasionavam dor, medo, descrença, quando não o desânimo.

– *Mas é apenas uma questão de compreensão, de tempo, e você voltará a encontrar o seu eixo* – disse-me a experiência que estava tendo.

– Entendo... – constatei, respirando calmamente. – Manter sempre livres os canais de conexão com a Fonte para que o amor se concretize e desperte em nós a felicidade é de suma importância. Porque o amor tem seus oponentes, e talvez o mais forte seja o medo. Medo de arriscar, medo da rejeição, medo da opinião alheia, medo de nossa incapacidade, medo do desconhecido, medo até do próprio amor.

Assim, da mesma forma que um artista, à medida que vai criando, sente em suas mãos o caminho de sua arte, eu estou compreendendo, aos poucos, o caminho de minha trajetória. Seguir em frente, ouvido atento, coração aberto, braços vazios para que a felicidade decida morar em minha casa. É isso...

Afinal – acabo refletindo –, o universo é pleno de dons, e o Criador deste paraíso é pura doação, e quem me inspirou bons desejos até agora tem muito mais para me inspirar. O Sopro desse Espírito é sempre novo; somos nós que resistimos à mudança. Por isso a importância de estarmos conscientes, com o ouvido interior aberto, atentos ao *agora*, pois o que foi bom ontem pode não ser hoje. Não temos GPS para nossa jornada. A realidade de cada um é própria e construída momento por momento, fio por fio. A caminhada humana é um desenho que se traça sem moldes e só sabemos por onde, de fato, esse desenho nos leva, quando pudermos examinar o que foi feito, mas sem chances de apagar, apenas corrigir.

Enquanto eu moldava em mim esses pensamentos, no céu as nuvens recuavam permitindo ao sol brilhar novamente. Sua luz escorria por galhos e folhas, fixando-se esparramada no chão. Tudo indica que a chuva resolveu esperar para descer mais tarde – concluí. Então, eu também resolvo dar um passeio pelo pomar.

A CAMINHO, um tanto descuidada, remoendo essas ideias na cabeça, piso em falso sobre uma pedra roliça colocando a descoberto, sem rua e sem teto, uma infinidade de invertebrados.

Diante desse novo mundo em miniatura, fervilhante como uma população assustada, pergunto-me:

— Por que o susto, o medo, a dor, quando perdemos nossas referências? A vida tem muito mais para nos dar! Quem nos deu o que temos hoje, tem muito mais para nos doar... Perdemos de um lado, ganhamos em outro. É de perdas e ganhos que se faz a existência. No entanto, por que é sempre tão difícil perder?... Você e eu sabemos disso...

Sento numa pedra ao lado. Tento ouvir e sentir esse ecossistema à minha vista: lesmas, minhocas, caracóis, outros vermes diminutos. Animaizinhos, muitas vezes indesejáveis, mas seres vivos, ou seja: nascem, crescem, reproduzem-se e morrem como nós, seres humanos. Um sistema autossustentável. Possui energia luminosa, energia química, energia calórica, energia cinética. Estou absorta diante dessa pequena vitrine e analiso de perto o comportamento e a interação entre as espécies. Esses bichinhos em movimento ensinam-me que a adaptação às mudanças impostas pela vida não é questão de força, mas de inteligência. São apenas moluscos e não perderam tempo em impropérios ou rixas. Cada qual procurou de imediato reorientar a meta para sua sobrevivência.

As múltiplas e simples relações de vida acontecem aqui – pensei, enquanto me aproximava mais do pequeno cenário que havia circunscrito para analisar.

Observo e vejo a simplicidade cíclica da vida animal. Comer, digerir e evacuar. É a primeira coisa que nosso corpo precisa aprender e a última a desaprender para manter-se vivo. E as minhocas estavam lá me falando dessa semelhança com os seres humanos... Que simplicidade e que lógica! Por que a empáfia, a arrogância, no olhar humano, quando biologicamente começamos e acabamos como as minhocas?

E saber que nós somos muitíssimo mais que um invertebrado! No entanto, podemos vegetar nesse aprendizado natural de uma minhoca, se não formos capazes de maior nobreza em nosso pensar e agir. É o despertar da consciência que extrai de nós a capacidade de reorientar-nos para atitudes mais humanas, divinamente humanas. Portanto, hábeis e determinadas em sua meta – que é a sobrevivência –, as minhocas deixaram-me uma metáfora de profundo sentido:

– *Será que nossas confusões emocionais gravitam acima das leis da sobrevivência?...*

Outro habitante de meu pequeno mundo em observação é o caracol. *Escargots* se franceses ou *lumache* se italianos. Analiso o comportamento desse animalzinho, o *escargot*, que, com a casa às costas, dá meia-volta, depois recolhe o pé e a cabeça para dentro da concha e entra em dormência. Possuidor de um patrimônio próprio, o caracol parece não se importar com a catástrofe social de seus vizinhos.

Sua postura suscita-me a pergunta: Será que faz como os humanos? "Não mexendo com minha propriedade, está tudo bem. Não tenho nada a ver com isso", ou, "Coitadinhos, não trabalharam para ter casa própria". Imagino que seja, mais ou menos, assim que reagimos quando nossos neurônios amolecem. Permanecer inconsciente é sempre mais fácil. A dormência é resultado de nosso lado sombrio, esconderijo de nossa dor, de nossa culpa ou vergonha, de nossa imagem não aceita, de nosso comodismo e indiferença com o social. Punir o mundo, fechados, escondidos em nossas conchas, não nos leva a lugar algum. Pelo contrário, nos amesquinha e nos isola.

Enquanto minha mente vagueia sobre essas questões de lei natural, percebo o besouro que, ao rolar da pedra, sobrevoou o pequeno espaço, velozmente, em direções contraditórias, produzindo um barulho incômodo, parecendo uma moto em arremesso. Agora, esse bichinho, de um centímetro mais ou menos, está sobre um toco de árvore, parado, atento e pronto como um avião para o bombardeio. Coitadinho! Terá que buscar despojos em outros espaços, pois o que o alimenta, se perdeu quase tudo, por minha causa...

Na agitação de nossos dias é difícil tomar consciência de quanto devemos ao nosso planeta. Que aprendizado com essas criaturas que têm como meta apenas viver – contudo, tanto a nos ensinar. Depende apenas de observar, na quietude, e desejar aprender. Que delícia essa interação com o mundo natural, com essa conexão de saberes!

– Nada melhor que a natureza para apaziguar nossos medos – exclamei, cruzando às mãos sobre o peito.

Sentada, calma e serena, deixo a mente trabalhar:

– Quanto é fundamental o movimento das energias para nosso desenvolvimento e a importância de estarmos alertas para pistas não verbais que emergem da dinâmica da vida. Os animaïzinhos com seus sistemas nos apontam o caminho do frugal, da organização, da sustentabilidade, e muito mais... Eles compõem uma linguagem com poder de elaborar parábolas, resgatar histórias, despertar atitudes e imprimir lições para nossa vida humana. Você há de convir comigo que muito de nossa civilização foi aprendido e elaborado ao observar a natureza!

– Como ficar indiferente diante do acontecido? – ponderei.

O tropeço na pedra que para mim foi um pequeno descuido, e para os invertebrados uma tragédia, vem ensinar-me que as adversidades têm o poder de despertar em nós potencialidades que, sem esse choque, ficariam adormecidas. Diante dos obstáculos ficamos sempre com a escolha: fugir ou avançar. É nos cutucões da vida que a gente aprende a se superar, consegue medir o quanto somos capazes... Ademais, tudo o que nos desacomoda, mexe com nossos apegos, fala-nos de que precisamos de muito pouco, ou simplesmente pouco, para viver nossa jornada neste planeta.

Quando conscientes e despertos, sabemos que há um princípio que abraça tudo e todos. E quanto mais nos unirmos à complexidade da Fonte, mais nos tornamos plenos, porque o universo disponibiliza a oportunidade de vida para todos. Depende de cada um assumir a responsabilidade de seu destino, ao invés de culpar o que vem ao nosso encontro desacomodando-nos.

Sou infinitamente mais que um inseto, contudo, muitas vezes, fico muito mais emaranhada que ele em minha teia de opções desastrosas. Sentimentos de raiva, de medo, de defesa, naturais à vida animal, sufocam nossas escolhas privando-nos da alegria indescritível da caminhada para o crescimento. Portanto, nada mais urgente do que despertar, você não acha?

ASSIM, COMO UMA "carmelita" nesta manhã contemplativa, observo e escuto esse pequeno mundo e, maravilhada, percebo que toda a natureza tem alma. E a alma é algo sagrado.

Sinto minha consciência ecológica inflar-se como um balão para anunciar:

– *Senhoras e senhores, todos aqui somos igualmente habitantes da única Casa comum a todos nós, o planeta Terra.*

Dessa sensação de guardiã, nasce o sentimento de responsabilidade pela preservação do meio ambiente. E de consciência expandida, aberta, ecológica, minha alma transcende a matéria.

Surpreendo-me a falar com Deus, como falam as crianças:

– *Querido Deus, obrigada por este espaço de simplicidade onde a natureza mostra tua sabedoria. Obrigada pelos espaços de liberdade onde abrigas as obras de tuas mãos e lhes entregas carta de pertencimento. Ajuda-nos a encontrar esses espaços, no mundo, em nós e nos outros. Ajuda-nos a criar, respeitar, proteger e alimentar esses lugares. Espaços de vida, de liberdade, de superação e aconchego. Ajuda-nos a acolher e nutrir nossos irmãos e tudo o que sustenta nosso planeta. Obrigada pelo livre-arbítrio, pela possibilidade de recomeçar, sempre. Por este milagre que é a interdependência de uns com os outros, e pela lição que aprendi deste pequeno grande milagre, eu te agradeço, imensamente. Amém.*

Estava serena e feliz. A energia forte e saudável que vinha desse mundo diminuto reconciliava-me. E essas pequenas epifanias devolviam sentido às minhas perdas familiares, amorosas, profissionais e pessoais.

De repente, alguém chamou meu nome, quase sobre meu ombro.

– Você está muito concentrada por ser apenas o segundo dia.

Irmã Felícia estava às minhas costas. Usava um avental xadrez e luvas plásticas. No braço esquerdo, uma cestinha de hortaliças com tomates redondos e vermelhos.

– Estou mesmo – concordei com leve sorriso.

Então, com ar generoso e materno, apontou para um velho muro entre a horta e o pomar:

– Se quiser colher cerejas, ainda há algumas nos pés lá no fundo...

Aquela autorização, em voz mais baixa, quase em surdina, trouxe-me à memória imagens de infância, quando, sob o olhar permissivo dos tios, éramos autorizadas a colher os primeiros frutos no pomar dos *nonos*.

– Claro! Que delícia! Vou pegar algumas agora mesmo – e finalizei: – *Grazie! Grazie Mille...*

Antes, porém, olhei para o relógio. Estava quase na hora do encontro com o grupo de meditação.

– Vou rápido, pois tenho pouco tempo – e acenei para Irmã Felícia.

– *Sì, va pure ragazza...*

As árvores frutíferas exalavam um aroma silvestre e adocicado, gostoso de apreciar. Estou apanhando a primeira cereja e vejo um gafanhoto desfilando sobre um tênue caule. Perninhas finas e longas, corpo esquelético, muito mais aberto e robusto na cauda de tons verdes do que na fina cintura. Asa ao alto, pescoço longo e cabeça firme, parece uma modelo desfilando na passarela. Que lindo!... Aplausos! A natureza merece.

Jogava os caroços das saborosas frutas vermelhas, quando percebi uma pequenina formiga, toda marronzinha. Tão graciosa como um pingente. Ela tentava deslizar de uma pétala para a outra com tanto cuidado, que mereceu minha ajuda. Ofereci-lhe meu dedo indicador e ela escorregou suavemente para a próxima folha.

Eu não faço ideia de onde você se encontra agora, mas, se possível, pare e prove a delícia dessa interação com a natureza...

POR UMA FELIZ COINCIDÊNCIA, neste dia, Marcello sugere que, dois a dois, conversemos um pouco para nos conhecer e criar sinergias. Ao meu lado está Lorenzo, natural de Turim, cidade próxima ao Vale de Aosta, na região do Piemonte, fronteira com a França. Lorenzo é um empresário bem-sucedido, casado e pai de Pietro, cinco aninhos, que ele chama de *"mio tesoro"*.

Iniciamos a conversa falando sobre nossas raízes. Após uma breve introdução Lorenzo me interrompe:

– Brasil, país de futuro, grande, bonito! Já pensei em adotar uma criança brasileira, quando Anna Maria não conseguia engravidar. Tínhamos iniciado o processo, aí veio nosso anjinho, o Pietro. Mas, Anna e eu, nos preocupávamos com os "meninos di rua" do Brasil – disse, enquanto procurávamos um lugar para sentar.

Lorenzo pronuncia as sílabas fechadas como os franceses. Quando diz "mininûs di rûa", a pronúncia os afunila como baratinhas num canto da sala. E sabe que há gente pensando mesmo isso, que nós, brasileiros, tratamos dessa forma as crianças de rua. Pelo menos, é o que eu interpreto. Lembro que um dia num ônibus em Roma, uma senhora de classe média perguntou-me se era verdade que nós, brasileiros, esquartejávamos as crianças e as varríamos para a rua. Tentei explicar para Lorenzo o mesmo que expliquei para a senhora, as causas sociais e os paradoxos de nossa sociedade, que, como diz Paulo Freire: "É uma nação que nasceu errada e recusa a reinventar-se!".

Lorenzo esfregou a fronte com as pontas dos dedos e sugeriu:

– Vamos nos sentar aqui?

Era uma estreita banqueta encostada em uma parede.

Consenti, apenas com o movimento da cabeça e um leve esboço nos lábios:

– Se, em nossos dias, a desigualdade social e a pobreza são problemas que afetam a maioria dos países, no Brasil esses problemas vêm desde os primórdios. Já avançamos bastante nas soluções dessa experiência, mas ainda nos falta muito para resolver questões sociais como essas.

– Vocês são ainda uma nação jovem, é natural que tenham dissonâncias – disse com um sorriso compreensivo.

– Sim, mas num mundo globalizado é urgente entrar no compasso.

– Bem, isso faz sentido.

Lorenzo concorda com meu ponto de vista e eu continuo falando da dificuldade que nós, brasileiros, temos de colocar o público e o privado trabalhando juntos, para o bem comum. Coletivamente não temos consciência de que o patrimônio público é nosso, nos pertence. É uma questão cultural que vem desde a colonização. Temos deveres e benefícios, ambos nos são outorgados por lei. Mas, nas decisões do cotidiano, confundimos o patrimônio público com o Estado e chegamos ao absurdo de depredar o que é do povo em revelia ao Estado constituído.

Estávamos acalorando essa conversa, quando Marcello nos convoca para a meditação. O homem iluminado, de formação tibetana, mas de pele e sangue ocidental, sabe do frenesi que corre em nossas veias. Não pressiona para a concentração, nem nos quer prosélitos de iogues indianos. Apenas nos acolhe cordialmente e nos conduz no profundo do ser, mais perto de Deus, semeando em nós o desejo de sermos melhores, de aprendermos a viver bem e oferecer bem-estar a todos os seres.

Suas poucas e sábias palavras projetam luz em nosso interior, vasculham nossos pequenos "egos", reorientando-os para a virtude.

MARCELLO FALA POUCO nesta manhã, fala mais com a emoção e o brilho dos olhos, do que com palavras. Fala como um Dalai Lama:

— Se ao amanhecer, logo ao levantar, abrigarmos um sentimento caloroso no coração, está, automaticamente, aberta a porta de nosso interior para um dia próspero e iluminado.

Marcello permaneceu, uns segundos, em silêncio antes de dizer muito firme e solene:

— É com este objetivo que vos falo hoje. Podemos ser melhores! Melhores no amor, na compaixão, na ternura, na justiça, no diálogo, na solidariedade. Vivemos na interdependência, e a iniciativa de ajudar os outros, de sentir o outro, pode ser tão necessária à nossa natureza quanto a comunicação. O cultivo do amor e da compaixão é a verdadeira essência de todos os credos. O importante é que, tanto nossa palavra quanto nossa prática, nos conduza ao essencial.

Abriu o olhar e nos convocou:

— E nesse aspecto, não existe diferença entre as religiões. Todas elas focalizam o desenvolvimento, o aperfeiçoamento dos seres humanos, o sentimento de solidariedade. Em todas as religiões existe o princípio da bondade, da capacidade de amar, da compaixão e da tolerância.

Marcello falava sempre com gestos calmos e um olhar amplo, que nos magnetizava e libertava, ao mesmo tempo.

— Acho que os conflitos e as divisões acontecem mais por causa de nossos pontos de vista. Quando aprendermos a olhar com o coração, as divergências se atenuam e se tornam insignificantes, ou melhor, se transformam em motivo de diálogo, de expansão da verdade e de enriquecimento mútuo. A experiência de fé, que conduz ao amor, não é privilégio de uma religião. É, sim, dom gratuito, divino, oferta de Pai e Mãe, para todos seus filhos, sem exceções.

Alguém do grupo murmurou algo incompreensível, sem causar interesse, sem chegar aos ouvidos de Marcello, que continuou resgatando o tema do dia anterior:

— Como o amor, também a compaixão tem que começar por nós mesmos. Do contrário, como ser compassivos com os outros? É com esse olhar que, hoje, vamos meditar sobre a compaixão.

Fez nova pausa, mudou de posição, depois continuou:

— Comece visualizando uma pessoa que esteja em extremo sofrimento, alguém que esteja sentindo dor, qualquer tipo de dor, física ou emocional, alguém que esteja numa situação muito aflitiva. Esqueça qualquer outra preocupação. Por alguns minutos, reflita sobre o sofrimento dessa pessoa, com um enfoque humano. Coloque-se no lugar dela e pense em seu sofrimento.

Seu rosto se iluminou e sua voz assumiu um tom de compromisso:

— Essa pessoa tem a mesma capacidade para vivenciar a dor, a alegria, a felicidade e o sofrimento que eu tenho. Vista sua pele... Calce seu sapato. Depois, permita que venha à tona a sua reação natural: um sentimento de compaixão. Pouse o olhar do coração sobre as dores do outro, fazendo deste outro não um alheio, mas um irmão, filho do mesmo Criador. Se você chegou à compaixão, à empatia com essa pessoa, procure chegar a uma conclusão que possa aliviar seu sofrimento. Convoque o melhor de você, em prol de uma resposta prática, de ajuda, de testemunho fraterno.

Afastou levemente um livro que estava à sua frente, fitou-nos com brandura e finalizou:

— Depois, durante os últimos minutos da meditação, procure produzir em sua mente um estado amoroso, norteado pela compaixão. Não tenha pressa nem raciocine, apenas deixe a compaixão cuidar do outro como se fosse carne de sua carne, sangue de seu sangue. A compaixão é uma força bela e poderosa. Faça essa experiência e não deixe a meditação antes de encontrar uma ação prática para aliviar a dor desta pessoa.

Limpou a garganta, apoiou os braços sobre a mesa e nos aconselhou a nos confrontarmos com as atitudes de Jesus diante do sofrimento humano.

Foi exatamente o que fiz.

Assim – das colinas da Galileia às colinas de Torreglia –, as palavras de Jesus chegaram ao meu coração como Boa-Notícia. Palavras e ação, porque Jesus ensinou e fez. Sua vida é, de fato, *Palavração*.

A sensibilidade de Jesus vai da delicadeza de oferecer descanso até a compaixão para com a fome humana, a doença, a dor emocional e a sede espiritual.

Deixa sempre a porta aberta, um endereço seguro para qualquer retorno. Não nos espera como filhos humilhados, precisando usar disfarces sobre nossas culpas, mas antes com a certeza de ter um pai que advoga a nosso favor em qualquer situação. Prepara um banquete. Trata-nos com dignidade. Cura nossos remorsos, nossas carências e nos reveste de perdão regenerador. Assim é a experiência da compaixão, da misericórdia em Jesus.

Se você conhece um pouco do Evangelho, você vai concordar comigo que o Mestre da sensibilidade sujou suas mãos com nossa miséria. E não se mostrou humilhado, nem revindicou pagamentos, apenas amou e perdoou.

– *Você é capaz de surpreender com sua bondade, Beatriz? Pelo menos isso: pequenos gestos de cuidado, de tolerância, de solidariedade e perdão?* – soava uma voz em minha consciência.

Foi quando meu coração respondeu:

– *Sim, carrego em mim pessoas a quem gostaria de ajudar. Fernanda, que me escreveu de sua dor por se sentir traída. A fisionomia amedrontada, rosto duro, olhos encovados da amiga de infância Hellen, que me falou do diagnóstico de um câncer em metástase. A angústia de Maurício, o vizinho que deixei desempregado, somando noites sem dormir e dias à procura de pequenos "bicos". A decepção de Rodrigo, filho de um casal amigo, que não consegue sair das drogas, e a angústia de seus pais, impotentes para ajudá-lo. A ansiedade de Elisa, uma amiga do Facebook, que tem um filho com deficiência e me escreveu: "Bia, não tenho mais paciência com ele. Sinto-me muito mal com isso, pois amo meu filho, mas estou deixando-o nervoso. Não sei o que fazer..."*

Resta agora encontrar a solução de ajuda, de compaixão, de alívio, e por enquanto, daqui onde estou, o que posso é vestir a pele de cada um e oferecer-lhe palavras de solidariedade, de confiança e preces. É o que vou fazer agora mesmo, enquanto suplico:

– *Senhor, dá-me um coração como o teu, misericordioso, compassivo e serviçal. Capaz de encontrar solução para a dor e capaz de despertar sorrisos com gestos de bondade...*

À TARDE O CÉU desdobrou um manto de nuvens cheias e mais escuras e o sol escondeu seu brilho, dando privacidade a todos os seres. A abelha trabalhou às pressas ao redor do fruto e a borboleta farfalhou mais ao alto; o caramujo traçou um rastro de gosma e voltou ao seu hábitat, enquanto os pássaros encolhidos em seus ninhos mimavam a prole. O vento abandonou docilmente o espaço, deixando a natureza exalar um agradável cheiro silvestre e abrir-se para ser umedecida.

Chove... Simplesmente isso: chove com naturalidade. Chove e observo a beleza desse momento. Gotas redondinhas, calmas e doces como uma carícia. Água e terra envoltas numa deliciosa cumplicidade fecundam. Então, vejo Deus tocar todos os seres: "Sede fecundos, cada um segundo sua espécie" (Gn 1). Escuto, simplesmente escuto..., pois também a chuva traz seu diálogo. Ela nos fala de transformação, de bênção, de intimidade, de purificação.

Meus pensamentos se misturam à chuva, aos bichinhos da terra e a toda a criação: "Vem, Deus, derrama essa bênção em mim. Torna-me compassiva, terna, amante, apaixonada. Que teus exemplos e tuas palavras caiam como gotas, aos poucos, deliciosamente até se transformarem em atitudes".

Depois vou até a biblioteca.

– Boa-tarde – cumprimentei.

– Boa-tarde! – respondeu a jovem de sorriso acolhedor.

– Você tem literatura budista? Algo escrito pelo Dalai Lama?

– Humm – assentiu com a cabeça. – Você é budista?

– Em matéria de literatura sou bastante eclética – respondi, enquanto ela verificava os títulos.

– Bem, deste autor tenho: "A arte da felicidade" e "Dalai Lama fala de Jesus".

— Pronto. Vou levar esse último — pois buscava mesmo escritos sobre Buda e Jesus.

Pego emprestado o livro, atravesso o jardim e vou ao encontro de Dom Vittorio, que me espera na sala. Seus olhos brilhantes, seu sorriso apenas de lábios, me acolhem com compreensão.

— Como foi seu dia, Beatriz?

— Pleno. Absorvi tudo quanto pude absorver. Sinto-me uma taça transbordante, uma semente explodindo, uma fêmea na hora do parto.

Então, feito experiente parteiro, Dom Vittorio nada pergunta, nada apressa, apenas espera doce e calmamente o fruto de minha gestação. Faço um resumo do meu dia. Tento verbalizar minhas falas mentais com Deus e com a natureza. Mas a velocidade do pensamento e a racionalidade das palavras tropeçam e consigo expressar muito pouco do que se passou em meu íntimo. Talvez a emoção tenha falado mais que as palavras.

— Muito bem. Você fez o que nós, teólogos, nos esforçamos para sintetizar como objeto de estudo. A verdadeira teologia se dá no encanto com a vida. Você vivenciou a revelação de Deus quando descobriu suas pegadas nos sulcos da terra, nas vozes da natureza, na majestade dos astros e, sobretudo, na alegria e dor do coração humano.

Em minhas mãos, o livro do Dalai Lama virava, enquanto absorvia a fala de Dom Vittorio.

Ele me examinava cuidadosamente. E, como para me ajudar, o sábio velhinho me surpreendeu com uma pergunta, um tanto desconcertante:

– Você gosta do Buda, Beatriz?

– Gosto. Gosto, mas sei pouco sobre ele – confessei, enquanto ele me olhava imóvel.

– Minha busca é conhecer sempre mais Jesus de Nazaré – apressei-me em tranquilizá-lo. – Em Buda, descobri a quietude de que preciso. Em Jesus, descubro a coragem das mudanças, a graça da libertação, a promessa de um futuro além da materialidade, a liberdade diante das leis e autoridades, coerência e, sobretudo, a força do perdão. Somente um Deus, que aprendemos a chamar de Pai, pode nos ensinar a perdoar, com palavras e com atitudes, como fez Jesus.

Dom Vittorio deu um sorrisinho misterioso.

– Mas o pouco que sei de Buda só ajuda a reforçar a minha paixão por Jesus – acrescentei provocando sua reação.

Ele continuava respeitoso e sereno. Então continuei, pois no meu coração havia uma questão intrigante querendo ser verbalizada.

– Há outra coisa que me atrai no Budismo, Dom Vittorio; o estilo de liderança despretensioso, desapegado. Como gostaria que as instituições cristãs voltassem à sua origem. Um estilo de vida como foi o de Jesus e seus discípulos. Já pensou o papa dos católicos como missionário da paz, da compaixão, da ternura e da justiça, como foi Jesus, como um Dalai visitando as comunidades em todos os recantos da Terra? Um samaritano cheio de compaixão, sem qualquer aparato de poder econômico ou de status, mas de atitudes humanas e cristãs? Aberto e compassivo, com o objetivo de nos ajudar a descobrir, aqui mesmo, os sinais de Deus.

– É... eu sei – disse ele, concordando.

Senti confiança e continuei:

— Acho que o período de Cristandade maquiou muito, por exemplo, o sentido do lava-pés, do confronto sincero, da fraternidade nas relações hierárquicas, do estilo de liderança dos primeiros cristãos. Talvez seja uma utopia minha, mas se os líderes cristãos fossem como Jesus, a sociedade mundial seria outra hoje. Quem sabe haveria mais paz, mais compaixão, mais ternura, tolerância e perdão. Sem falar na política que, certamente, seria mais honesta. Embora apontem sinais de esperança – disse com tom provocativo –, ainda quero ver para crer.

— Querida, mover o cadáver de uma andorinha é muito fácil, mas mover o cadáver de um elefante leva mais tempo e exige a união de muitas mãos – falou esfregando os cabelos na nuca.

E sua fala continuou nesse foco.

— As instituições mudam quando os indivíduos mudam. Um por um, todos nós. As instituições, por si só, não fazem mudanças. Podem fazê-las no papel, na agenda, no intelecto, mas se não acontecer a mudança do olhar físico e intelectual para o olhar do coração, sobretudo em quem lidera, nada muda. São os bons corações que caracterizam as boas instituições; não as boas leis e suas belas performances.

Parou um instante pensativo:

— É preciso estar sempre atento e desperto. "Não nos cansando de fazer o bem", como disse o incansável apóstolo Paulo.

Sentamo-nos no sofá. Dom Vittorio tomou minha mão e disse:

— Beatriz, mantenha sua mente sempre aberta. Aberta para aprender, indagar, questionar. Aberta para acolher e se indignar, também. Seja muito sábia em fazer as perguntas, porque elas abrem caminhos. Trabalhe as perguntas. As respostas são menos importantes, elas podem fechar portas. *Non ti sembra vero?*

Soltou minha mão, apoiou o queixo no braço e, com intensa expressão facial, continuou:

— Não tenha medo das ideias dos outros. Leia Buda, Nietzsche, Saramago, Chopra. Leia quem você quiser... Se você tem claro seu projeto, saberá buscar, em cada um, o que a ajuda a alcançar a meta.

— Certamente — concordei, deliciando-me com a conversa.

Seus olhos continuavam a observar o livro do Dalai Lama em minhas mãos, mas sem perder o foco:

— Nossa mente é como uma árvore. Quanto mais ela expande suas raízes para beber, mais se revigora. Precisa de conexões. E conexões em movimento, do contrário a mente atrofia. Fica pequena, mesquinha, individualista, fechada em seu próprio ponto de vista.

Interrompi sem querer desviar a conversa:

— A gente se enriquece com o diálogo, o pensamento do outro, claro.

— Exatamente. Por isso temos que manter a mente conectada e aberta. Assim como a árvore que precisa de raiz, mas também de galhos que a mantenham em equilíbrio. Os galhos são filhos ou frutos dos nós, um complexo de relações conectadas que lhe dão identidade.

Observava seu olhar de professor, os dedos de uma mão enganchados nos da outra, enquanto assenti:

— É verdade. Não precisamos arrancar uma árvore para saber o que suas raízes bebem, não é? Observamos seu tronco firme; sua seiva vigorosa. A ramagem viva. Suas flores e frutos viçosos, saudáveis.

Ele se reposicionou no sofá e assumiu uma postura mais descontraída:

— É bom que em nossa mente se criem nós, sabe, Beatriz, porque é deles que nascem novas ideias, conquistas e convicções transformadoras. A imagem da árvore é perfeita. Veja, ela se renova trocando folhas e frutos, conforme as estações; assim também nós trocamos ideias, as mais plurais, conforme as situações, a fim de nos renovar. Ninguém diz que uma árvore perdeu sua identidade porque mudou de cor, perdeu folhas ou encostou-se à outra para se reforçar.

Cruzou as mãos com firmeza.

— As árvores vivem juntas, uma ao lado da outra, bebendo o que a vizinha deixa cair, enlaçando-se, entrelaçando-se, nutrindo-se mutuamente. As árvores não se dão as costas por causa de folhas, flores ou frutos diferentes. Pelo contrário, estão sempre abertas umas às outras. A abertura, a flexibilidade são os adornos de mentes frutíferas. Se não me engano foi Albert Einstein quem disse: "A mente que se abre a uma nova ideia jamais voltará ao seu tamanho original". Não há outra forma de crescimento senão sendo chacoalhados, misturados, peneirados. Você como mulher sabe bem disso: é misturando, batendo, peneirando os ingredientes que o bolo cresce.

Eu aquiescia com o olhar e o sorriso em movimentos leves. Então, ele apontou com o queixo.

— Você já viu uma árvore virar as costas para outra, por causa de sua feitura?

— *È próprio vero, che bello!* — disse com sorriso de gratidão.

— Quando alguém tem convicção da própria crença, não há por que temer, Beatriz. Não se perde a identidade por compreender o ponto de vista de outro; pelo contrário, tudo isso nos fortifica e enriquece.

Nesse momento, achei oportuno lembrar como o olhar feminino poderia contribuir com a missão da Igreja e comentei:

— Não sei por que algumas instituições discriminam a mulher... a Igreja Católica, por exemplo.

Ele suspirou e balançou a cabeça assentindo.

— Há questões sobre as quais o ponto de vista da mulher é muito importante e enriquecedor. Só para exemplificar, diria que temas como o controle da natalidade, o exercício da liderança, a linguagem da fé etc., poderiam ser abordados com mais compreensão e humanidade. É um atraso que nossa Igreja tenha essa resistência, o senhor não acha?

— Diferentes pontos de vista, Beatriz. Pontos de vista e medo — falou com tristeza e brandura, para depois completar: — O medo denuncia falta de confiança. Em outras palavras, falta de amor, do olhar do coração. Com o olhar de Deus podemos abarcar infinitos pontos de vista. Não foi isso que você me falou? Quando estamos em nosso coração, e Deus nele, estamos em todos os centros, temos a vista de todos os pontos, sem perder nada de nossa identidade.

– Talvez, por ser simples assim, é que temos dificuldade de assumir esse olhar do coração – interagi.

Então, estendeu-me a mão para levantar, e fomos para o mosteiro. Na porta de entrada, deu-me um recadinho, meio sussurrado:

– Lembre que os últimos pensamentos, antes de dormir, são muito fecundos. São os mais promissores. Nossa mente é nosso banco de dados. Durante a noite ela processa tudo o que você depositou e permanece ali disponível para nossa consciência. É no acesso ao que a mente registrou que a consciência mantém o diálogo interno, reflete, observa e toma decisões. É nessa conexão de mente e consciência que extraímos os ensinamentos em nossas experiências. Cultive a mente como se cultiva um jardim. Ao amanhecer, você colherá alegria e bênçãos.

Agradeci com um sorriso de quem acabara de ganhar um prêmio.

– *Grazie. Grazie...*
– *Ci vediamo* – falou, virando-se em despedida.
– *Ci vediamo* – respondi. E o vi caminhar até o chalé.

AS PALAVRAS DE DOM VITTORIO escorriam de minha mente para minha consciência, diretas como água em cascata. Então, antes de fechar a gaveta de meu coração escrevi em meu caderninho:

Os frutos do amanhã dependerão das sementes que eu plantar aqui, no silêncio da noite.

Ainda na entrada, demoro-me um pouco mais e fico contemplando a lua cheia entrincheirada entre nuvens e galhos, espreitando, como se quisesse eternizar a beleza daquele momento único.

Depois disso, vou direto para o quarto e, do colo de Deus, deslizo na cama como uma criança adormecida abandona-se nos braços carinhosos da mãe. Deitada, um pensamento me incomoda: a vida é esse paradoxo. Às vezes é o espinho que nos desperta; é a perda que nos faz compreender o que permanece, o que ninguém pode nos roubar. Não sei por que tem que ser assim, mas sei que é assim. Há espaços em nós que só os descobrimos quando a dor penetra, quando se faz necessário expô-los para que outros os curem. Então, mesmo deitada, tomei meu caderninho azul e registrei:

É assim, porque tem de ser assim. Não há apenas um lado bom da vida. Todos os lados são bons, também os do avesso, porque é preciso o avesso para que haja a trama, a história, e a vida complete o ciclo.

Adormeci serenamente.

E foi o segundo dia.

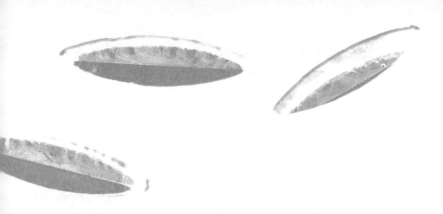

Terceiro dia

Desperto com o tagarelar de dois pássaros discutindo suas querelas. Parecem duas comadres a caminho da feira. Abro lentamente os olhos e exercito o corpo. Aqueço as mãos e falo com elas. Não para conhecer-lhes a essência, que é feita de mim mesma, mas a arte de todas as mãos, o fruto de seu talento. Mãos... Mãos nos dão as boas-vindas e mãos nos devolvem à terra.

Que poderosas são as mãos! Elas conjugam quase todos os verbos: amparar, abraçar, curar, exigir, ferir, benzer, alimentar, construir, escrever etc. Mãos dadas. Mãos falantes. Mãos nos ombros. Mãos de luz. Mãos orantes. Divinas mediadoras. Sempre ativas; capturando vidas e testando sentidos.

Mãos intrusas, entrelaçadas, companheiras – sempre mãos –, mãos tecendo o saber, construindo teias. Não são nossos dez dedos a construir a pequena rede com a qual tudo recolhemos e tudo distribuímos¿ Mediações... Quem as faz senão as mãos¿!

Faço essa homenagem às mãos e sinto o forte desejo de traçar com elas o sinal da cruz.

– Quero tua bênção, Pai. Quero teu fogo, Divino Espírito. Quero tua coragem, Jesus libertador.

MANHÃ DE PRIMAVERA. Energia limpa. Pensamento claro e certo. Vou para a labuta, não como operária, mas como filha, irmã, aprendiz.

O céu está aberto, vestido de um azul limpo, transparente, sem nada, nenhum traço, nem mesmo uma nuvem, em sua imensidão. Do mesmo azul eu visto minha alma e envolvo meus pensamentos, depois os deito em meu caderninho azul como aprendi com Ilka. A imaginação voa livre e, sem se desprender de mim, faz-me escrever:

Hoje quero estar em atitude de aprendiz. Observar a inteligência relacional das coisas, sem medo de mudar meus comportamentos. Sem defesas ou justificativas, observando a natureza, a história e a vida como mestras. Quero ver tudo de novo como se fosse a primeira vez. Quero aprender passo a passo, movimento por movimento, até soltar-me livre na dança da vida em sincronia com o todo universal.

Não conheço sua opinião sobre a palavra *aprendiz*, mas, pessoalmente, acho essa palavra intensa, carregada... você percebeu que ela abre e finaliza o alfabeto? Ela contém todo o saber... e gosta de vir acompanhada da preposição *de* como ponte para outra: aprendiz de marinheiro, aprendiz de viajante, aprendiz de... etc. Eu acho *aprendiz* uma palavra-fio que se entrelaça para formar o tecido da história num trançado de mãos que já foram aprendizes. Somos todos herdeiros de um passado de aprendizagem, no qual um para e outro continua, até reinventar o novo, que logo fica passado, e cada qual é aprendiz em sua vez.

É o jogo da vida. Um dia você ensina e outro dia você aprende de quem você ensinou. Ora somos mestres, ora aprendizes. Agora leitores, depois, autores. Num momento somos emissores, em outros receptores. Ora somos pai-mãe, ora filho-filha. Eternos aprendizes, em pé de igualdade. Ninguém sabe mais que o outro. Sabemos de forma diferente. Às vezes quem sabe usar o bisturi não tem a mesma habilidade para bater um prego e vice-versa. Certamente, você já foi aprendiz de muitos mestres e de muito saber, e tem aprendizes à sua volta a todo momento.

O saber é coletivo, histórico. Estamos todos ligados à grande teia do conhecimento. Chegamos ao digital porque alguém nos ensinou logaritmos e assim sucessivamente. Somos uma sociedade de aprendizes.

Enquanto faço essas reflexões cá com meus botões – sentimento e imaginação de mãos dadas, soltas –, aproximo-me de uma árvore frondosa.

PRONTO, ESTOU À SOMBRA DELA. Encostada em seu tronco não tem mais sentido falar apenas comigo mesma, se tenho por perto a companhia de tão majestosa personagem. Sete metros de altura, galhos em abundância, folhas de tamanhos e cores variados e três metros de cintura. Eu, a árvore e o chão tapetado de folhinhas de incontáveis cores e tamanhos. Muitas permanecem agarradas ao solo, comprometidas com a vida, outras soltas, deixando-se levar pelo sopro da brisa ou amontoando-se ao lado de pedras e troncos.

Estou na escola da natureza, com a alma à flor da pele; quero escutar, quero aprender. E aqui começo um dedo de prosa, apenas, um faz de conta, com a árvore:

– Diga-me, "Majestade", qual a tua idade?

– Idade?! Eu não conto os anos, conto os frutos.

– Tá certo. Os frutos são mais corretos para avaliar a idade.

Levantei o olhar.

– Então, diga-me, qual a tua tarefa?

– Eu não faço nada sozinha – respondeu ela, exibindo suas ramagens entrelaçadas com trepadeiras, ao lado de uma espécie de plátano, cheio de rebentos e folhas novas. – Estou num ponto de conexão de muitos para muitos. Sou filha da terra e a ela presto meus serviços. Sou filha do sol e a ele rendo meu tributo. Sou filha do ar e com ele oxigeno o mundo. Sou filha da água e a guardo em meu corpo para devolvê-la à terra, à humanidade, à vida.

Levantei e perguntei-lhe, de frente aos seus pés.

– Qual o teu segredo?

– Viver. Viver sem ambições, sem egoísmo. Dou meu fruto quando e a quem quiser colhê-lo. Dou flores e não reclamo quando as perco. As folhas caem quando o vento as quer. Cortam meus galhos e troncos e lá vou eu dando abrigo, calor, apoio; disponível para qualquer necessidade. Vivo para trocar, permutar, oxigenar. Vivo na ordem do mundo, preciso do dia e da noite, das estações, da dança do universo e do respeito dos humanos. Sou livre e sou serva. Sou autônoma e submissa. Sou apenas uma árvore, Beatriz.

Inclino leve e timidamente a cabeça, como uma criança em seu primeiro dia de escola, e minha consciência entrópica ordena:

— *Conte as folhas do chão, Beatriz. Você pode contar todas as folhas? As vivas, as mortas, as que se transformaram? Conte as árvores todas. As vivas, as mortas, as que se transformaram... Conte as lágrimas. Todas as lágrimas da humanidade. As vivas, as mortas, as que se transformaram... Conte as mãos de teus irmãos. Todas as mãos da história. As vivas, as mortas, tudo o que elas transformaram... Conte os segundos do tempo. Todos os fragmentos do tempo passado e do tempo que você vive agora... Conte o saber, as invenções, as conquistas, os serviços, as vidas que se doaram para você chegar aqui onde você está hoje, Beatriz.*

Então, percebo Deus, esperando minhas respostas. Agradecida, devolvo minha alma ao céu e, como mendigo redimido, rezo humildemente:

— *Ano após ano, Senhor, dia após dia, bato à tua porta pedindo mais, mais, e mais... Tu abres as mãos e me dás gratuitamente, às vezes em pequenas medidas, outras em excesso. Colho muito do que me dás, mas muito deixo cair. Muito do que me ofereces pesa demais em minhas mãos e muito não sei administrar sem meus irmãos. Já me deste tanto e ainda não estou satisfeita. Estou sempre a mendigar, gentilmente, mas sempre mendigando, mais e mais...*

Meu coração suplica:

— *Toma, Senhor, toma minhas mãos e ajuda-as a pedir menos e doar mais. Que eu aprenda a bater à tua porta, com mãos mendigas e generosas, prontas, abertas para receber e para dar. Para aprender e ensinar. Que mistério sou eu diante do teu mistério! Como saber tudo o que houve antes de mim, além de mim e sem mim? Estou aqui de forma efêmera. Apenas um ponto na escrita da história. Um traço indelével na linha do tempo. Invejo o oceano e o céu que parecem não ter fim. O universo que carrega tanta imensidão. A fauna e a flora, laboratório de saber miúdo e cooperativo. Busco compreender todas as coisas e não consigo sequer conhecer o que está acontecendo agora, aqui neste pequeno espaço. Desejo escanear o mundo e tê-lo em minhas mãos, sempre ao meu alcance, e não consigo sequer ter acesso ao que acontece em meu íntimo, no âmago de meu ser.*

Minha pequenez toma conta de meu coração e sinto o desejo de abrigar-me em algo maior que eu:

– *Desejo conhecer tudo, possuir tudo e não consigo conhecer a mim mesma. Minha alma clama por ser Deus, mas minha natureza me diz: você não o é.*

E fico com a experiência de ser alguém que carrega algo que não é, deseja mais do que é, e não consegue conter a própria fonte. Sou apenas um grão de areia querendo possuir o oceano. E o milagre é que eu posso:

Ele me fez pequena para que seu amor
pudesse me esticar até o infinito.
Ele me fez mortal para que seu poder me eternize.
Ele me deixa ferida para que sua compaixão me cure.
Ele me fez grãozinho de areia para que sua força
me leve ao mar.
Ele se fez humano para entrar em meu coração
e me carregar de volta para sua casa. Amém!

NESSE MOMENTO, a gratidão aqueceu meu coração e eu não podia deixar de sorrir. Sorria e continuava a observar tudo ao meu redor. Contei, no mínimo, vinte tons de verde, incontáveis formatos de folhas, os mais diversos sons de aves, insetos e, mais ao longe, o eco de sons tecnológicos, misturando-se tudo ao som de meu respirar.

Momentos como estes de tranquila percepção, aqui sozinha, me remetem à infância, quando minhas descobertas e mesmo amizades se construíam na interação com a natureza. Por isso meu olhar está atento a qualquer estímulo para interagir. Alguns instantes, e percebo uma abelha aninhar-se no cálice de uma flor. Pensei se devia aproximar-me como fiz ontem com a formiga. As abelhas, pondero, são criaturas charmosas, de muito talento, beleza e inteligência, mas, dependendo da situação, elas agem com certa carga de agressividade. É melhor ir com cautela... Lembro que papai nos afastava das abelhas com técnicas próprias, pois se viessem outras e formassem um mutirão, estaríamos perdidos.

Em minha cabeça começaram a circular pensamentos de coragem:

– *Há pouco, esta manhã, você determinou a vontade de ser aprendiz de tudo e de todos, Beatriz. Agora, aprenda com a abelha a lidar com a agressividade.*

E essa vozinha pequena – que nem sempre conseguimos definir se é apenas um pensamento ou a voz da consciência –, insistia:

– *Vá, aproxime-se e ajude-a.*

Você deve estar pensando que fui capaz. Não, não consegui aproximar meu dedo da laboriosa abelha. Por quê?

Não sei. Talvez o medo, que anda sempre escondido, agachado atrás dos desafios e conflitos, querendo nos poupar do sofrimento...

Provavelmente, nesse momento, você esteja ponderando quanto sou frágil e preciso urgente curar meus medos. Compreendo perfeitamente, pois é mesmo assim, ante a agressividade eu fujo para longe. Não sei lidar com ela, é verdade, mas eu vou cuidar disso... Prometo.

E, nesse vaivém de reflexões, recolho os frutos da aprendizagem. Tomo em minhas mãos um botãozinho de erva, do tamanho de uma cabecinha de fósforo. Abro-o sutilmente para contar-lhe as pétalas embrionárias. Conto uma por uma...: quarenta e nove sementes de vida em um único botão. Estou cercada por uma quantidade incontável desses rebentos ondulando em cores e tamanhos diversos. Pergunto-me:

– *Quem sou eu neste cenário?...*

Então, minha alma é tomada por uma sensação dicotômica: de observadora, sinto-me observada. Observada por outro que habita em mim e me contém em medida infinitamente maior.

– *Estou em estado de graça!* – saboreei por uns instantes e voltei a confabular: – *Quero permanecer aqui, observar esta presença imagética, mas invisível, que como mão divina constrói uma teia também invisível, do primeiro ao último ponto. Esse movimento amoroso de Deus sobre o mundo, rasgando-lhe a pele e penetrando-lhe as fibras até tornar-se fio da mesma tessitura, tão somente pelo divino capricho de nos ensinar a amar.*

Depois recolho minha alma cuidadosamente e, como aprendiz de peregrino, guardo em meu bojo a lição desta manhã. Ficarão como lembranças de uma experiência, na qual não é possível diferenciar a realidade da imaginação – reflito –, mas deixa a certeza de que este é um paraíso do qual ninguém poderá me expulsar.

ESTA MANHÃ foi como descobrir a vida pela primeira vez. Sentia-me desobstruída, ganhando sabedoria e usufruindo felicidade; entretanto, o estado mais alerta permanecia latente. Assim leve e feliz encaminhava-me para a meditação e, de repente, me lembrei do exercício ensinado por um casal japonês: o caminhar meditativo. Lembro... Lembro bem.

– Posicione-se com as pernas um pouco separadas, de modo que seu ponto de equilíbrio se situe na região da bacia – ensinava o professor de Kinhin, denominação japonesa para o caminhar meditativo.

Então, imaginei-me em uma espiral que cresce verticalmente, esticando o corpo para cima. Costas eretas, cabeça também, buscando equilíbrio, harmonia e descontração muscular.

– Os olhos levemente entreabertos como na postura zen – insistia o professor.

Prossegui resgatando a força daquele aprendizado: olhava para frente, sobre o chão, apenas uns metros de visualização do espaço. Fechei a mão direita, na forma de punho, e coloquei o polegar dentro da mão fechada. Pressionei o punho com os nós dos dedos contra o plexo solar (região situada entre o umbigo e o abdome superior) e com a mão esquerda envolvi levemente o punho.

A experiência estava bem gravada em mim. Descontraída, leve e solta, iniciei o caminhar na sequência certa, lentamente... Em pequenos passos, com plena consciência. A respiração no ritmo do caminhar. Percebia meu pé em contato com o chão, a pisada inteira do calcanhar à ponta do pé. Individualizando meu caminhar e aprendendo a comunicar-me sem palavras... fantástico!

– Postura, contração, respiração – era o timbre de voz do instrutor, registrado em minha memória.

Desfrutei essa caminhada profundamente à vontade, com um claro sorriso nos lábios e a sensação de paz em todo o meu ser. Totalmente desacelerada, sem buscas, sem ansiedade, apenas vivenciando alegria.

Inspirava acolhendo a vida: sim, que o sopro divino me preencha.

Respirava agradecendo: a vida é uma fonte de bênçãos, obrigada.

CHEGUEI AO GRUPO de meditação, quando Marcello acolhia um por um com olhar indulgente. Esperou em silêncio até que todos estivessem acomodados e serenos. Observava-nos pensativo. Parecia querer adivinhar nossos pensamentos.

Acomodou-se em sua cadeira. Repassou um olhar mais profundo e nos conduziu a um relaxamento simples e leve. Depois iniciou com uma pequena história.

– Um alpinista buscava superar sempre mais e mais os desafios. Depois de muitos anos de preparação resolveu escalar o monte Branco. Como ele queria a glória somente para si, resolveu escalar o monte sozinho, o que não era sensato no caso de uma escalada dessa dificuldade. Ele começou a subir e foi ficando cada vez mais tarde; porém, como ele não estava preparado para acampar, resolveu continuar a escalada, decidido a atingir o topo. Escureceu e a noite caiu como um breu nas alturas da montanha. Não era mais possível enxergar um palmo à frente do nariz; não se via absolutamente nada; tudo era escuridão, zero de visibilidade, não havia lua e as estrelas estavam encobertas pelas nuvens. Escalando por uma parede de pedras, apenas a cem metros do topo, ele escorregou e caiu...

Marcello deslizou a mão direita sobre a bochecha e prosseguiu.

– Caíu a uma velocidade vertiginosa, somente conseguindo ver as manchas que se esvaíam, cada vez mais rápidas, na escuridão. Sentia uma terrível sensação de estar sendo sugado pela força da gravidade. Ele continuava a cair e, nesses angustiantes momentos, passavam por sua mente todos os momentos felizes e tristes que já havia vivido.

Não foi uma pausa, apenas um leve respiro...

– De repente, ele sentiu um puxão forte que quase o partiu ao meio. Como todo alpinista experiente, havia cravado estacas de segurança com grampos a uma corda comprida que fixou na sua cintura. Nesses instantes de silêncio, suspenso nos ares, na completa escuridão, não lhe sobrou nada além do que gritar:

"Oh, meu Deus! Ajude-me!"

– De repente, uma voz grave e profunda respondeu:

"O que você quer de mim, meu filho?"

"Salve-me, meu Deus!"

"Realmente acredita que posso salvá-lo?"

"Tenho certeza, meu Deus!"

"Então corte a corda que o mantém pendurado."

– Houve um momento de silêncio e reflexão. O homem agarrou-se mais ainda à corda e refletiu que, se largasse a corda, morreria.

– No outro dia o alpinista foi encontrado morto, agarrado com as duas mãos a uma corda, apenas a alguns palmos do chão.

Marcello narrou a história com emoção e foco, encarregando seus olhos e sua voz de nos transmitir a lição. Sem outros comentários, falou com a sabedoria dos humildes:

– Cada um responda a si mesmo: tenho confiança e coragem de cortar o que me impede de ser livre?

Depois, descreveu as exigências do desprendimento que procuro sintetizar nestas palavras:

É preciso treino para soltar tudo o que não queremos perder.
É preciso pureza de coração para entregar-se no escuro.
É preciso foco para dominar os fantasmas do medo.
É preciso coragem para cortar os laços que nos dão segurança.
É preciso estar vazio para expor-se ao novo.
É preciso fé para acreditar na promessa apenas vislumbrada.

O som de sua voz, ecoando na sala silenciosa, fazia com que suas palavras penetrassem afiadas como espadas cortando amarras. Eu sentia as lágrimas começando a se formar atrás dos olhos. Minhas emoções, ora calmas e ora agitadas, procuravam apoios, estacas de segurança. Articulei não com os lábios, mas com o pensamento:

– *Você seria capaz de cortar a corda, Beatriz? Qual o grau de sua confiança?* – e outra vez o medo me agarrou pelas costas.

O grupo parecia um pouco inquieto. O desafio entre a vida e a morte é sempre um calafrio que nos petrifica, e a simples narrativa dessa opção deixou-nos um tanto apreensivos.

– A salvação pode estar ali, à nossa frente, e o que nos prende pode ser um simples fio, frágil, mas, se nos impede de voar, é um obstáculo para nossa plenitude. Desprender-se é o movimento para o "nada". Porque é no nada que Deus faz o milagre. Quando não há mais o ovo nem a lagarta, estamos prontos para o espetáculo da transformação: a metamorfose. Então, passamos a um novo estágio: a reprodução do novo.

O pensamento de que me faltou coragem para interagir com uma abelha mordiscava minha mente de forma a me humilhar. Então, fixei o olhar em Marcello, que falava mais com os olhos que com palavras.

Dobrando uma folha escrita ele concluiu:

– Deixo a cada um o convite a fazer esta experiência. Descobrir, por si mesmo, o que é desprender-se e confiar, esvaziar-se e deixar-se preencher. Que o Mestre interior fale ao coração de cada um.

LOGO DEPOIS, todos nos recolhemos em silêncio. Então, veio à minha memória o que Jesus disse aos seus discípulos: "Partam para a viagem sem bastão, sem sacola, sem bagagem, dinheiro ou comida. Aceite o que lhe for oferecido...".

A partir desta reflexão procuro sacudir minha alma, deixando que meus apegos se soltem e voem sem minha identidade, como lembretes jogados ao vento. Queria voltar ao que experimentara pela manhã, a paz e a certeza de estar de mãos dadas com Deus, mas me dei conta de que a confiança é tão tênue que um simples sopro pode levá-la embora.

E considerava quanto é difícil desapegar-se! Não apenas dos vínculos amorosos, queridos, que cultivamos com prazer, e queremos para sempre, mas também descartar nossas dores, mágoas, experiências sofridas, é difícil. É sempre doloroso desprender-se das coisas que têm o nosso toque, que constituem nosso passado. Tão doloroso como necessário. O que seria das árvores se não renovassem as folhas? Você já pensou como seria nosso organismo se as células não se refizessem? Nada perdemos com o desprendimento, apenas renovamos. Por vezes, é necessário quebrar o espelho no qual costumamos nos ver rotineiramente para perceber onde precisamos mudar. Desprender-se é requisito para a transformação.

Caminho ao ar livre e parece simples deixar as velhas folhas de minha árvore soltarem-se ao vento, mas assim que entro em casa o sabor do almoço atiça minhas papilas gustativas; então, torno-me ansiosa e procuro saciar-me com o que me dá prazer. Sou um pouco anjo com meus voos para o infinito, mas tenho a mesma anatomia de uma formiga e sou atraída por açúcar, massas e verde.

Até porque, aqui neste espaço de *Repouso no Espírito,* a disciplina é rígida e monástica, mas a gastronomia é tão irresistível como em qualquer outro lugar do Vêneto. Culinária criativa, sem falsificação de sabores. Uma festa para os sentidos. Eu, que estou no aprendizado de ampliar a percepção de tudo, os cinco sentidos e a consciência, vou para o almoço com as memórias emocionais em discussão com essa realidade visceral humana.

Hoje, à minha frente almoça um casal de napolitanos. Seus comentários são em tom discreto, quase imperceptíveis, mas seus gestos não deixam de me envolver no calor de todos esses deliciosos sabores. Azeite aromatizado com alecrim, pão quente e crocante, salada de *radicchio*, flores de abóbora fritas, risoto *ai funghi*, cremoso, fumegante destilando o sabor do *parmiggiano*. Perfeito manjar dos deuses. Vinho tinto cabernet e sobremesa, até então desconhecida ao meu paladar. Uma espécie de pudim com claras de ovos e delicioso licor de limão.

Misturo tudo, as ambições da alma e o prazer dos sentidos. Enquanto provo o vinho, penso na videira que se deixou podar, nas uvas que se transformaram, nas mãos que o guardaram para ser servido a mim neste momento e, ao mesmo tempo, minhas células olfativas me estimulam para o prazer imediato. Fico espontânea, instintiva como um gatinho correndo para o pote de leite, e tudo é absorvido em plenitude, sabendo que este momento é fugaz. Essa sou eu, Beatriz. Como me escreveu nestes dias um amigo:

"Suas mensagens me trazem 'coisas do céu' e 'coisas da terra' e é sempre bom que as coisas do céu e da terra andem juntas. Você é ao mesmo tempo forte e frágil, inquieta e harmoniosa, sedenta e saciada. Parece que o Amor (Deus é amor) resolveu brincar com você, Beatriz, para inventar, para surpreender."

Volto a caminhar. Apenas com o desejo de vivenciar as dissonâncias entre corpo e alma. Entre soltar-me livre no espaço e firmar-me em meus próprios pés. Entre o desejo de unidade com o Absoluto e o medo do vazio, do inútil, do descartável.

TUDO RECOMEÇA após um repouso que me estou permitindo nestes dias. Depois acesso a internet para checar onde estão meus amigos, pessoas queridas, notícias, enfim, como está o mundo frenético, veloz, volátil, tecnológico, que dentro de alguns dias me engolirá de novo. Sei por experiência que este novo mundo, ou desta nova janela de onde enxergo o mesmo mundo, me seduz. Sei quanto aprendizado ele também me oferece em seus provedores de busca e quantos vínculos construo através das redes sociais. Tudo em tempo real, consumindo energia vinte e quatro horas por dia e produzindo contatos ininterruptamente. Este é outro banquete apetitoso que nos deixa obesos de informações, de contatos, de curiosidades, cuja saciedade nunca cessa, pelo contrário, mais você busca, mais quer. Um novo espaço aberto, com ferramentas novas para aprimorar nossa liberdade de escolhas.

Se no almoço tudo foi servido sem violar os sabores, ah... neste outro mundo, pelo contrário, quase tudo é maquiado. Há pouco pude saborear as flores de abóbora na sua cor natural, apenas mais douradas. Não é assim que vejo as informações que chegam até minha tela virtual. Sou crítica. Aprecio tudo, mas filtro bem o que está nessa vitrine. A rede virtual me dá acesso ao ser humano com suas intuições e suas neuroses, suas luzes e suas sombras. E com mil dispositivos para envernizar, dar brilho e glamour à realidade.

De repente vem à minha memória o que dizia minha professora de comunicação. A internet exprime em forma tecnológica o que o ser humano rumina desde a filosofia de Aristóteles: quem sou eu, o que é o mundo, quem são os outros? Donde venho, para onde vou?

A tecnologia e os processos de compreensão tornam-se novos na medida de nossa evolução. Mas o tecido humano é sempre o mesmo. E as perguntas e respostas vêm sempre do âmago dos seres e da trama de suas relações. A tecnologia não muda a natureza do homem, nem da árvore, nem da minhoca. As novas tecnologias criam um novo mundo de contato, de relacionamento, de informação, mas é o ser humano quem produz e alimenta essa rede. É de nosso olhar que nasce o sentido das coisas para nós humanos. As redes sociais podem motivar, mas para que haja a transformação é preciso arregaçar as mangas e ir à luta.

Não é verdade que hoje temos tudo ao nosso alcance? E com velocidade e atrativos novos, amplificados para nossos sentidos? Mas será que essa cultura sensorial, do imediato, das primeiras emoções, dos flashes e dos iP nos deixa mais felizes? Quanto de verdadeiro e quanto de trivial há nessas enxurradas de acontecimentos? Estamos conectados, informados, mas com que conteúdo? Pergunto-me: a vida na rede tem menos perigos que a vida na floresta? Tem mais verdade que as antigas e tradicionais respostas?

Trocamos figurinhas com pessoas que nem sequer vimos num piscar de olhos, e aceitamos que, das telas, alguém nos acuse pelas rugas do rosto, pelos quilos de sobrepeso, pelos cabelos grisalhos, pela lentidão de nossos movimentos ou indagações ao teclado. Avaliamos nosso desempenho pelos cliques de visita às nossas páginas no blog ou no Facebook sem sequer perguntarmos como os cliques acontecem. É tudo tão fascinante e novo. Quem não quer estar conectado?

E ao mesmo tempo que rumino essas perguntas, também leio meus e-mails: Fernanda continua chorando e maldizendo sua ingenuidade no amor. São pequenos fragmentos de sua alma que me chegam como estilhaços de um cristal quebrado e doem em mim. Larissa, minha sobrinha de sete aninhos, me conta que fez o enterro do peixinho de estimação, que ela batizara de Stefany, ao pé de uma planta ornamental no jardim da casa. E por fim a notícia de Mário – esposo de Hellen, a amiga que está com câncer avançado – me traz para o real, para a concretude da vida.

"Querida Bia, não queria perturbar seus dias de descanso e recolhimento, mas temo que você não chegue a tempo para rever Hellen. O médico foi franco comigo... Desculpe, estou sem palavras. Os dias de Hellen estão contados. Como falar essa verdade a Lucas? Ele tem apenas sete anos. E Hellen, será melhor conversar com ela? Como viver com essa realidade? Reze por nós. Abraços. Mário."

Recolho novamente minha alma e consulto meu coração para responder o e-mail deste meu amigo, que é para mim como um irmão.

"Querido Mário, sei que nesses momentos as palavras são limitadas. Se estivesse perto lhe falaria com um abraço, com um olhar silencioso. Mas, creia, estou em comunhão com vocês, não importa a distância. E conosco está o Deus de Amor que nós queremos junto sempre, com mais força nesses momentos de amor e medo. Acredito serem esses os dois sentimentos que nos dominam nessas situações. Tanto o amor como o medo têm sua linguagem e seu motivo, como também suas consequências. Apegue-se ao amor para que ele cuide

do medo. A partir da serenidade, teu amor descobrirá a palavra certa, o gesto e o caminho certo, para o seu coração, para Hellen e para o pequeno Lucas. No meu entender, a verdade de mãos dadas com a sensibilidade será o melhor caminho tanto para Hellen quanto para Lucas. Carrego-os num espaço bem cuidado em meu coração. Nosso Deus é um Deus de surpresas e eu confio. Abraços. Bia."

VOU PARA O JARDIM com o desejo de assimilar melhor os sentimentos de meus amigos. Estou caminhando em silêncio, quando ouço cantos em tom de opereta vindos do lado leste. Viro-me e avisto o grupo de jovens franciscanos cantando em ciranda como crianças no jardim de infância. A notícia de Hellen me deixou carente, com a sensação de orfandade. Busco companhia mesmo que seja de estranhos. Aproximo-me devagar, mais e mais, para cantar:

– *Simplissimamente viveremos daqui pra frente... Caminhemos em silêncio... Onipotente e bom Senhor. A ti somente o louvor.*

Essa sintonia com a alma franciscana proporcionou-me momentos de forte experiência, de encontro com o sagrado, e me ancorou novamente.

Procuro Dom Vittorio e partilho com ele o meu dia. Uma conversa um tanto apreensiva, enquanto tomamos o chá da tarde. Foi minha sugestão e nisso estivemos de acordo: nossas conversas ao jantar não contemplariam problemas, por isso, não quero lhe falar de Hellen, mas ela está em mim como alma gêmea. Talvez para me descontrair, pergunto a Dom Vittorio o que acha deste novo mundo moderno, pós-moderno, sem definição e pouca identidade.

— Como o senhor vê o futuro da humanidade, Dom Vittorio?

Pousou o guardanapo sobre a mesa. Seus olhos brilharam e seu peito ficou mais firme:

— Posso começar pelo passado?

Olhei-o curiosa, consentindo.

— Vamos pensar nas luzes que iluminaram a humanidade nestas últimas décadas, esse cenário do qual participo há quase um século. Vivenciei descobertas e alegrias inimagináveis — disse, bebericando um pouco de chá. — A meu ver, a paz mundial, hoje, está mais responsável e desejada globalmente. É preciso reconhecer essas conquistas, Beatriz.

Eu o escutava com prazer, enquanto virava a xícara entre as mãos.

— O respeito ao meio ambiente tornou-se necessidade de sobrevivência para o planeta e para a humanidade como espécie. É urgente passar do sonho para a realidade. Todos nós, independentemente de nossa crença, todos — mudou o tom de voz — almejamos o bem-estar como requisito para a convivência.

Depois estreitou os olhos.

— O ecumenismo, o diálogo, a ecologia, a solidariedade, são temas da agenda de muitos povos e líderes mundiais. A medicina e suas descobertas — vacinas, transplante de órgãos, DNA, células-tronco — prolongam a vida humana e a qualificam como ninguém sonhava cinquenta anos atrás.

— Certamente. O que nos faz privilegiados e responsáveis também.

– Imagine só, o direito das crianças, das mulheres, das minorias e das diferenças, você não acha que nos fez mais humanos?

– Sem dúvida – falei, aproximando um pouco a cadeira.

– Os progressos da comunicação! Fantásticos! Eu vi o telefone de madeira, pendurado em parede, reunir céticos ao seu redor como na descoberta do foguete para a lua. Hoje tenho meu celular, Beatriz. E as novas gerações acessam a quase tudo em tempo real. Estamos numa nova civilização.

– Um novo mundo impensado algumas décadas atrás – falei sorrindo.

– Eu lembro... – arregalou as sobrancelhas –, era menino, quando Marconi, em 1931, na presença do Papa Pio IX, inaugurou a nova Estação de Rádio do Vaticano. E, se não me engano, foi nesse mesmo ano que ele acendeu as luzes da estátua do Cristo Redentor no Rio de Janeiro, através do repetidor de Coltrano. Hoje estamos conectados aos quatros cantos da terra, todos, um por um, sem sairmos de casa. Fantástico! Fantástico! Superou tudo. Estamos no pico da montanha-russa.

Voltou a tomar o seu chá, enquanto eu o provocava mais.

– E o futuro, Dom Vittorio? – perguntei antes que ele se perdesse de novo nas descobertas do passado.

– O futuro? Quem o conhece? Mas será igualmente fantástico, Beatriz, se a humanidade cultivar o que há de melhor em seu coração, o amor, a compaixão, a solidariedade. Se escutar os gemidos do Espírito, o pulsar de Deus e seguir suas pegadas neste paraíso de possibilidades que Ele nos deu, será sempre muito bom e fantástico tudo o que está para vir.

– Faz sentido. Especialmente quando a gente vê tradições milenares se diluindo como bolha, reluzente e esplendorosa, mas apenas uma bolha, *puff*... – falei, lembrando os últimos fatos do Vaticano.

– Ah, você se refere à renúncia do Papa? – perguntou Dom Vittorio.

Seu rosto espelhava perplexidade. Nenhum comentário.

Arrisquei continuar:

– Ah, mesmo com o piscar dessas luzes e o anúncio de conquistas inéditas na área da ciência, os experimentos assombrosos no campo da tecnologia virtual, a humanidade permanece insatisfeita. Ainda há inquietude, quase desespero, no coração humano. O senhor não acha?

– O que percebo, Beatriz, é que hoje as pessoas procuram as respostas fora do próprio coração. Estão sempre mais inseguras, agitadas, entretidas com seus muitos brinquedos que não satisfazem a sede de amor e de felicidade. Com tantos atrativos e tantos ruídos hoje, será que dá para se escutar e escutar Deus? Será que a humanidade não está indo de costas para ele? Às vezes temo... – murmurou com ar de perplexidade. – Mas como é ele que está na condução da história, confio – acrescentou serenando outra vez. – É ele quem está no controle.

Saímos para o jardim e caminhávamos descontraídos, quando ele deu uma pausa:

– É... hoje temos uma visão muito maior da complexidade das relações humanas – falou olhando para um céu azul bordado de estrelinhas quase indecifráveis.

– Sabe, Dom Vittorio, quando criança, eu gostava de olhar o céu e perguntar em qual das estrelas morava Deus –, disse-lhe, enquanto contemplávamos aquele cobertor de estrelas. – Hoje olho para Deus e pergunto em qual das estrelas está o céu.

– Hummm...

Paramos... em silêncio, estávamos em sintonia e posso jurar que em nossos corações fervilhavam muitas perguntas sem respostas, mas estávamos ancorados. Não pela oferta de ilusões que nos seduzem através das "telinhas" virtuais, mas guiados por uma estrela maior que nos orienta para a resposta existencial.

Essa noite a despedida foi com: *auguri di dolci sogni* e um beijinho na testa. O céu permaneceu distante e as pequenas estrelas, indiferentes.

EU FUI PARA O QUARTO com as lágrimas presas à alma, ao ventre, não sei, só sei que me doía pensar em Mário, Hellen e Lucas.

Ajoelho-me porque me sinto pequena e insignificante. E, ao ajoelhar, lembro-me da professora da pré-escola que, tentando descobrir o que as crianças traziam de crença, perguntou para a classe quem poderia falar alguma coisa sobre Deus. Então uma criança de uns cinco aninhos ergueu a mão e falou sem hesitação.

– Eu! Eu! Eu sei que Deus é muito importante.

– Quem lhe disse isso, Augusto? – pergunta a professora.

— Tia, meu pai é um homem importante e tem amigos também muito importantes. Quando meu pai fala com os amigos, eles conversam sentados, mas quando meu pai fala com Deus, ele ajoelha.

Então, suplico de joelhos, Senhor, meu Deus. Você é muito importante para mim e para meus amigos:

— Dá-nos força para perseverar, para nos superar, e força para soltar, nos desprender, se és tu quem nos pede. Ensina-nos a lidar com nossas dores e nossas perdas. Faça desta noite um santuário de paz, onde o silêncio se transforme em música para nosso coração e a escuridão em luz para nossa alma. De nossa solidão, brote sabedoria e de nossas fragilidades a humildade suficiente para sermos humanos. Toma Hellen em teu colo, dá-lhe força, calor, consolo. Não deixe Mário desanimar. Proteja Lucas e realize seus sonhos de criança. Amém.

Adormeço na confiança em Deus. Nosso Deus de amor e de surpresas. Na certeza de que as surpresas do amor nos conduzem sempre para o crescimento e para o caminho da felicidade, mesmo quando doem. Nada como um dia após o outro, concluí, registrando em minha agenda: tudo é bom, mesmo quando dói! E adormeci confiante...

Foi o terceiro dia.

Quarto dia

Será que Whoopi Goldberg, do filme: *Ghost – Do outro lado da vida*, ficou dormindo dentro de mim todo esse tempo? Ou as duas juntas, ela e Sarah Polley do filme: *Minha vida sem mim*, e uniram-se a cacos de personagens fictícios, a pedaços de informação do curso de tanatologia que fiz anos atrás?

Ainda deitada repassei o sonho que tive esta noite. Inusitado, surreal; por pouco, duvidei que tivesse sido um sonho.

Estava na cama e, ao meu redor, havia a presença de algumas pessoas as quais não conseguia identificar. De repente, tive a percepção de estar fazendo a experiência da morte. Levitei, a alguns metros de altura, com o corpo esticado na horizontal. Depois caí, subitamente, na cama como cai um corpo fora do espaço da gravidade. Essa queda era a morte. Ao cair, senti nitidamente que o corpo físico, o psíquico e o espiritual se separavam. O físico ficou inerte, perdendo o fluxo da vida humana. O psicológico, ligado às emoções e sentimentos, também foi se diluindo ao meu redor. O espiritual estava acima, como pairando sobre o ambiente carregado de meu "eu" intacto e vivo, com toda sua identidade, mas agora purificado dos conflitos, das necessidades, fontes de alegria e sofrimento. Meu "eu", que era eu mesma, estava vivo, pleno, desprovido de carências. Observava as outras partes, que haviam se desprendido, sem dor, como se nunca tivessem me pertencido. Então tive a consciência clara, serena, de que quem sofria com minha morte eram aquelas "presenças" que permaneciam ao meu redor, e que ainda tinham a complexidade dos três corpos. Pensava comigo: que bom, vou contar para Mário que não sofra por Hellen, pois quem morre não sofre. Sofre somente quem fica.

Estou serena, embora intrigada com o sonho. São cinco da manhã, e a madrugada desperta bonita, varrendo tudo para o passado. Afinal de contas, o que são sonhos? Um passeio pelo mundo do imaginário? A manifestação de desejos reprimidos? Eles vêm de longe, trazendo mensagens indecifráveis, e muitas vezes nós lhe damos os ombros: foi apenas um sonho. Sonho dormido, torto, pesado, censurado. Sonhos! Apenas sonhos. Não é assim que a gente diz quando acorda?

Pelo menos, foi isso que fiz. Virei de lado e dei mais um cochilo. No céu, os primeiros raios de sol entravam tímidos pelas frestas da persiana e, no ar, de tempo em tempo, ouvia-se o canto dos pássaros madrugadores.

Enquanto exercito meu corpo, penso em Hellen, Mário e Lucas. Abro a janela e saúdo a vida. A lua permanecia acordada, cheia, sonhadora como se tivesse dormido de namoro com o sol. Algumas estrelas se despediam do dever cumprido, parecendo sentinelas despedindo-se nas madrugadas. Um leve murmúrio de pessoas, o burburinho do vaivém, do abrir e fechar de portas, e o amanhecer dá lugar ao novo dia engrenando a labuta do cotidiano.

Aqueço as mãos – dizem que o tato é o primeiro sentido a despertar – e com a energia das mãos em movimentos circulares vou acordando o corpo da cabeça aos pés. Depois escrevo em meu caderninho azul:

Faça-se a luz.

Decreto: Hoje estou feliz, confiante e agradecida. Meu corpo está em perfeito equilíbrio e em harmonia com a inteligência cósmica. Estou calma e senhora de minhas decisões. O universo é pleno de bênçãos e eu estou receptiva. Sinto-me em sintonia com o Amor Divino e com o pulsar da vida nas veias da humanidade. Há um caminho com música e eu quero cantar esta canção. Há um caminho com dor e eu quero ser samaritana. Há um caminho com medo e eu quero ser amor.

Itália. 7 da manhã.
Seja feita a vontade de Deus.

DA CAPELA, no térreo, a comunidade de Irmã Felícia reza e canta. Como os pássaros madrugadores, as freiras despertam o dia intercalando salmos com momentos de silêncio. É uma melodia cativante, circular, convidativa. Fui atraída como abelha pelo mel. Estou no corredor e posso gravar bem a mensagem que é do Salmo 118: "Tua Palavra é lâmpada para meus pés, luz para meus caminhos".

Entro nesse espaço sagrado e me junto às irmãs no momento em que uma voz madura e cálida se levanta e lê a passagem do Evangelho: "Vigiai, pois não sabeis o dia nem à hora em que o Senhor vem" (Mt 24,42). A incerteza da hora instalou-se em mim sem meu consentimento. Quando? Quando será minha hora? Há uma única opção, dizer com as monjas: "Seja feita a tua vontade. Amém".

Enquanto vigio minha hora, murmuro dentro de mim:

– *Permita-me estar bem perto de ti, Senhor, para ouvir o pulsar de teu coração. Receber a Palavra de tua boca. Tornar-me ponte de solidariedade. Fonte de bênçãos. Tua discípula e tua amada. Como Madalena após a Ressurreição. Envia-me. Mensageira. Dize-me que ainda não chegou minha hora. Enche meu coração de sementes do bem. Hei de semeá-las, entregue ao Sopro do Espírito para que elas justifiquem minha passagem por este planeta.*

A reza com as irmãzinhas de Felícia me impulsionou para novas atitudes. De alma intensa, decidida, vou para a escola da natureza, segura como estudante possuindo o gabarito da prova. Sento sobre um pequeno platô de pedra rochosa. Ao contato com a rocha imagino a possibilidade de, bem no profundo, estar ligada à grande cordilheira que forma a cadeia montanhosa dos Alpes: as famosas dolomitas italianas cujo pico é a *Marmolada*, chamada também de *Rainha das Dolomitas*. Quem ainda não fez a experiência de se sentir uma formiguinha no meio dos precipícios de pedra das Dolomitas, creio, não saiba avaliar a magnitude do planeta e a magnificiência de seu Criador. É de perder o fôlego e ajoelhada dizer: "Como és grande, meu Deus!". Foi isso que eu fiz ao passar pelas montanhas de *Marmolada* a 3.343 metros acima do nível do mar.

A rocha que me sustenta agora é um agregado sólido que, sem dúvida, tem em sua constituição elementos de antigas eras. Devo estar sentada sobre memórias e histórias de milhares de anos ou séculos. E daqui, calma e serena, contemplo a natureza em seu minucioso e complexo processo de crise e renovação, perda e ganho, morte e vida. A poderosa força do Grande Espírito que põe a criação em movimento.

Na direção do meu olhar, vejo um pássaro de meio palmo, olho vivo, enérgico e esperto. Leva um besourinho na ponta de um bico tão comprido que parece um palito chinês. A parte superior do corpo veste penas em cor bege, finalizando com pintas brancas em meio a um círculo preto. A outra parte é feita do contraste, entre preto e branco, formando desenhos em listas simétricas. Gravo a cena no momento em que o pássaro-mãe, acredito, encontra o bico aberto do filhote na fenda de um tronco. Do filhote vejo apenas o bico aberto, umas penugens da mesma espécie e o olhinho esperto e acolhedor como o da mãe. Fiquei silenciosa deleitando-me com a cena. Uma ave iniciou uma canção carregada de alegria, quando ouviu sua companheira respondendo em outra árvore. Murmurei uma prece de gratidão.

Abandono o pássaro e começo a perceber as possíveis interações entre insetos e plantas. Vejo abelhas fazendo a polinização. Pássaros e vento dispersando sementes. Plantas nutrindo libélulas translúcidas. Outros insetos em competitiva guerra pelo alimento. Parasitas predadoras. Pedras dando abrigo. Formigas atrapalhadas defendendo seu território.

Lagartas, joaninhas e muito mais! Uma coevolução difusa, trocando a seiva em doações recíprocas.

Levanto-me e lanço um olhar circular. Vejo flores murchando serenas sem medo do fim. Insetos caindo, sem dor e sem queixas, como em desmaio. Sementes se desprendem do fruto com a gratuidade de mãe ao expelir o filho. Frutos se entregam generosamente. Folhas envelhecidas, levadas pelo vento, rodopiando leves e soltas, como elegantes dançarinas.

DIANTE DISSO, o que você pensa desta nossa sociedade moderna, de cultura ocidental, que supervaloriza o progresso, a velocidade, a juventude, a estética, e nega, esconde, anula, envergonha-se do que envelhece, do que se torna lento, manso, necessitado? Não é vida tanto o primeiro como o último respiro? Se a vida é essa trajetória do nascimento à morte, que diferença há entre o feto e um idoso?

A própria cultura ocidental cristã não defende com a mesma ênfase o primeiro e o último. E de onde veio essa doutrina equivocada de que a morte é fruto do pecado original? De que é necessária uma intervenção externa para purificar-nos de uma culpa hereditária? Eu acredito que nascemos com uma natureza finita, limitada e com todas as possibilidades para construir o caminho pelo qual Deus nos projetou: a felicidade.

Por isso, assim como é belo o crepúsculo, também é magnífico o entardecer. A vida é todo esse trajeto. O primeiro abrir de olho é vida tanto quanto o último fechar das pálpebras. E se tratando de cuidados, os dois são igualmente importantes. Nascemos inconscientes e desprovidos, mas morremos carregados de conhecimentos, de perguntas, de dúvidas, de medos. Precisamos uns dos outros do início ao fim.

Pessoalmente, professo a mesma verdade que o poeta místico, Tagore: "A morte é definitivamente tão necessária quanto o nascimento. O caminhar tanto está em levantar o pé como em pousá-lo no chão".

Inclino-me pensativa.

Somos seres criados, em que uma molécula diz sim a outra e num jogo de perda e ganho nasce a vida com sua diversidade. É... sim. Viemos da morte de elementos que se dividem e desprendem, para criar outras células vivas. O organismo humano é uma grande célula, formada de trilhões de pequenas células. Todas têm um começo e precisam de um fim para fechar o ciclo e possibilitar nova vida. É desse movimento amoroso e doloroso que amadurecemos para outra experiência.

Apanho-me divagando, entretida com a forma do círculo. Observo: *o ponto é um círculo. O zero também.* A estrutura básica da célula é circular. A Terra, o sol, a lua, tudo o que tem vida e movimento tem forma circular. Fechado, o círculo representa a totalidade, a perfeição, o infinito, Deus. Já dizia o lendário Hermes Trismegisto: "Deus é um círculo cujo centro está em todo o lugar e cuja circunferência está em lugar algum".

O círculo só é quando fechado, do contrário é um traço em curva. Tudo o que é circular tem que fechar para alcançar a plenitude. E dessa plenitude nasce nova forma, nova vida.

Outra vez deixo a imaginação correr solta e libero o pensamento. O corpo pertence à terra e ela o chama de volta para si. O espírito pertence a Deus e ele o chama de volta para seu seio. O chamado de Deus é o aceno confiante do Pai que nos espera. A ternura de Mãe que nos acolhe. Nosso "eu interior" é imortal. É a semelhança de Deus. Por isso, esse grito dentro de nós pela vida e plenitude. Nosso "eu interior" carrega o mistério, o sagrado, mil possibilidades. Carrega Deus que é eterno Mistério.

Assim, então, o que é a morte senão desprender-se livre à busca de quem nos fez à sua imagem e semelhança?

Essas reflexões trazem de volta memórias... Recordo que papai já ia ficando velhinho, não demonstrando medo de morrer, e minha irmã primogênita o interrogou de surpresa:

– Papai, você não tem medo da morte?

Ele a olhou devagar. Um olhar caloroso, mas seguro. Deu-lhe uns segundos de silêncio e serenamente lhe respondeu:

– Por que ter medo? Deus não disse que somos feitos à sua imagem e semelhança? – em tom mais solene e afirmativo, fechou. – Morre a imagem, fica a semelhança.

De coração tranquilo e alma refeita, todos nós desconversamos. Papai já estava na fé de que Deus leva até o fim a sua obra. Sabia que morrer é um ato necessário. É unir-se à origem donde viemos. É voltar para casa. Acabado. Pleno. Precisamos fechar esse ciclo para sermos "Um" com nossa semelhança.

Impressionante como aprendemos de quem está se despedindo do mundo.

Quando mamãe nos deixou, no limiar dos noventa anos, eu estava ao seu lado. Ela estava consciente de sua doença e conversávamos serenamente sobre isso. Dias antes de partir, eu acariciava-lhe as mãos mansas, entregues, suaves como pétalas. Estávamos caladas. De repente, ela interrompeu o silêncio:

— Sabe, não tenho mais medo...

— Por que mamãe? Você estava com medo?

— Ééé! Medo de morrer — disse timidamente, desconfiada de minha reação.

Estremeci. Fitei seu rosto. Ela tinha um sorriso de luz quando acrescentou, quase soletrando:

— Não tenho mais medo porque vi que o caminho não é escuro. O caminho é cheio de luz... Deus é fabuloso!

Com o coração trêmulo e em festa, segredei-lhe ao ouvido:

— Obrigada, mãe, obrigada por este presente! Valeu a pena estar ao seu lado. Nada, nada que você pudesse me dar superaria esta alegre esperança. Vou guardar isso como um legado.

Continuamos em silêncio. Um silêncio sagrado, como se estivéssemos cercadas de anjos e o céu de testemunha. Mamãe entregou-me essa pérola, de forma despretensiosa e serena como uma criança entrega o brinquedo para o irmão que chora. Acho que ela percebeu o meu medo. Sim, porque temos medo não somente de nossa morte, mas da morte de nossos pais, de nossos irmãos, dos filhos, dos amigos, de todo ser vivo, sobretudo, daqueles a quem dispensamos afeto e cuidados.

Sim, porque é sofrido deixar as mãos sedosas que nos acariciaram; os olhos ternos que nos compreenderam; o coração que guardou nossas histórias e nossos segredos; o sorriso que nos contagiou e a alma que nos inspirou. São laços afetivos que cultivamos para eternizar. É duro nos despedirmos para sempre desses contatos, dessas pessoas queridas. Tudo de que cuidamos cria laços de pertencimento que sangram quando se rompem.

Quem não sabe como é dolorido ver o fim de uma vida. E será sempre e para todos, porque significa desprendimento, desapego, incerteza. Ninguém sabe como vai reagir diante dessa experiência, que não podemos delegar a outros.

Meus amigos Mário e Hellen entraram em choque quando a notícia lhes foi dada, sentiram-se incapazes de suportar. Não sei de quem foi o descuido em lhes transmitir a notícia de maneira direta demais, sem a dimensão do impacto total que pode causar uma mensagem como essa da hora derradeira. O fato é que a notícia da morte abre um leque de emoções que poucos estão preparados para administrar.

Além do mais, a morte, a conhecemos somente pelo processo de morrer dos outros e jamais saberemos a real dimensão dessas vivências. A morte é um conto que não se conta. Uma passagem que silencia. Uma partida sem retorno. Nossa última experiência humana. Última e única. Ninguém morre duas vezes. Ou aprendemos a morrer em vida ou morremos sem esse aprendizado, porque a morte é a última oportunidade. Portanto, o desfecho é sofrido, sim, mas não infeliz para quem está desperto, ligado à Fonte do Amor.

A vida é uma escola onde aprendemos a costurar nossos zigue-zagues. Quem conduz o fio de nossa vida é o Grande

Tecelão, o Deus amoroso, Criador e condutor do Universo. Na experiência da vida, às vezes, a dor é tão grande que podemos ser tentados a cortar, nós mesmos, o fio. O que seria uma tragédia, porque só ele sabe o momento certo, quando é preciso desaparecer para reaparecer em outro contexto. Ele mesmo quis passar por esse aprendizado, aceitando morrer injustamente, de morte cruel, o que para nosso ponto de vista seria antes do tempo. "Em tuas mãos, Pai, entrego meu Espírito." A entrega é mais serena se pensarmos no quanto é esplendido o olhar de Deus.

Estou nessa conversa silenciosa, comigo mesma, e o medo me pega outra vez pelas costas:

– *E quando chegar a minha vez? Quais serão meus sentimentos?*

Então suplico:

– *Dá-me tempo, Senhor, não agora. Ainda tenho muito a aprender. Ainda quero ser melhor, não estou pronta. Agora é hora da meditação com Marcello. Diz-me, Senhor, que ainda tenho muito caminho pela frente.*

RETORNO AO GRUPO de consciência reflexiva. Chego exatamente no momento em que Marcello espera que formemos um círculo. Hoje ele está em pé e nos acolhe com um sorriso curioso. Tudo pronto, e ele nos surpreende com um convite inesperado.

– Gostaria de convidá-los a um passeio numa horta medicinal e aromática. Estamos aqui para o aprendizado da expansão da consciência, da prática da meditação e do crescimento. Aguçar a percepção e dispor-nos a novas experiências, sem preconceitos, é, sem dúvida, um caminho eficaz.

Certificou-se de que havíamos entendido e disse:

– Vamos em frente?!

Cruzamos nossos olhares curiosos e o seguimos.

Cercada por árvores frutíferas – à sua sombra, legumes e hortaliças –, a horta tinha lá sua atração.

Entramos como colegiais na expectativa das primeiras experiências em laboratório. A horta formava círculos e no centro encontrava-se alecrim, manjericão, bardana, língua-de-vaca, anis, camomila, capim-limão, melissa etc. A orientação foi de que passeássemos tocando cada uma das ervas ou flores que se misturavam ao redor dos círculos, desenhados com pedrinhas brancas, cercadas de alfazemas e papoulas.

Essa experiência incomum, por parte de um pregador, nos deixou um tanto perdidos, sem saber por onde começar.

Vendo nossa surpresa, Marcello assumiu a postura de médico indiano e disse compenetrado e confiante:

– Quem tece a experiência humana é nossa percepção. A realidade entra pela janela dos nossos sentidos que traduzem o mundo físico para nossa mente, premiando-nos com a beleza das cores, das vibrações, dos sons e dos sabores. Um processo complexo que acontece naturalmente pela sabedoria do próprio corpo na interação com o ambiente que o cerca. Os aromas, a fragrância, que vêm da natureza são percebidos pelo nosso cérebro conectado à emoção; portanto, um aroma agradável, sadio, pode produzir efeitos positivos em nossas vidas.

Posicionou-se à nossa frente e nos magnetizou com seu olhar.

– Aqui estamos num ambiente de estímulos sensoriais, com vibração e energia capazes de equilibrar nossa mente e ativar nossos sentidos. É preciso nos tornarmos sensíveis a esse processo. Se prestarmos atenção, nos damos conta de que passamos a maior parte de nossa vida adormecidos, quer dizer, sem apreciar o mundo que essas janelas nos abrem. Abrir nossos sentidos para o fluido natural da vida é uma atitude das mais saudáveis e inteligentes, embora sutil, quase diáfana. Os animais fazem isso de forma lúdica.

Fez um amplo círculo com os braços, aconchegando o próprio peito.

– Nós... Nascemos, vivemos, compramos, fazemos amor, nos entretemos, quase todo o tempo entorpecidos. Como despertar? Como saber se estamos dormindo? Acordando a consciência. Exercitando nossa percepção e mantendo nosso "eu" desperto para "ouvir" a "fala" de cada sentido.

Apoiou o pé direito sobre uma pequena pedra e, inclinando-se ligeiramente, nos inquiriu:

– Então, vamos ao exercício? Um passeio livre pela horta?

Parou, trouxe o olhar para perto e continuou:

– Procurem tocar as folhas, colher alguma semente ou cheirar uma flor. Testem as cores, sabores, sintam as texturas. Ao perceber que um elemento da natureza – folha, pétala ou semente – sintoniza com seu corpo despertando bem-estar, pare! Pare... e explore esse pedacinho de natureza em sua mão até dissecá-lo.

Franziu as sobrancelhas. Fechou o olhar concentrado.

– Escute seu sábio interior e ele o levará à união com o universo, e sua consciência desfrutará com deleite esta bênção. É uma experiência pessoal – confirmou com forte expressão das sobrancelhas. – Deixo-os livres para ir como crianças. Cada um até onde é capaz. Cientista de sua observação e de sua busca. Autor de sua própria descoberta.

E Marcello desapareceu entre as plantas.

EU ESTAVA TÃO DELICIADA com a proposta que me atirei rápido como peixe na isca. Olhei para a plantinha de melissa, mas fui conquistada pelo alecrim. Colhi um ramo. Seu aroma renovou minha energia, deixando-me disposta ao passeio.

Vi o grupo dispersar-se. Percebia-se um sentimento de aventura.

Eu caminhava com o ramo de alecrim sob o nariz. Andei pela horta uns vinte minutos. Divaguei enquanto estimulava as percepções sensoriais. Senti-me no beabá da percepção. Vi, toquei, senti. Muito! Muito mesmo! Mas intuir o universo, a essência de cada partícula, é uma religião. Exige reverência. Consciência. Sensibilidade. Tempo. Descobrir a expressão do infinito, as digitais do Criador e suas leis que dão sentido à vida, ao universo, ao todo, é um longo e pertinente aprendizado.

Decepcionada com minha incapacidade nesse tirocínio, fui para o almoço com a promessa de uma refeição mais consciente. Eu conversei com cada alimento antes de absorvê-lo.

– *Você precisa comer isto, Beatriz¿ Quanto você necessita deste outro¿*

Pousava o garfo e voltava a me educar.

– *Deixe isto. Aquilo. Um pouquinho deste aqui. Apenas o necessário. Sinta o que o seu corpo quer e sacie-o com cuidado.*

Fiz um pacto com meu corpo de que lhe daria tempo para a percepção, e em tudo ser respeitosa, mas meus resultados deixaram muito a desejar.

Averiguei com o olhar as reações de meus colegas de grupo. Vi rostos compenetrados, rostos perplexos e rostos livres também. Tentei interpretar as sensações que o exercício havia despertado em nós e não tive dúvida: havíamos iniciado um caminho novo, um processo de crescimento inusitado.

– Óleos, essências, aromas estão ligados à beleza, ao prazer, à saúde. E de forma personalizada. Cada corpo conhece, por instinto, o que responde à sua carência ou necessidade – havia-nos explicado Marcello.

– *Seja mais esperta e mais desperta* – advertiu meu consciente.

Após o almoço, no corredor, cruzei com Laura, uma jovem senhora que havia se apresentado no grupo como psicóloga.

Foi ela quem me dirigiu a palavra.

– Interessante nossa manhã – disse com um sorriso descontraído.

Respondi sorrindo, enquanto contornávamos o jardim em frente ao refeitório.

– Interessante e desafiadora.

Ela sorriu novamente, balançando a cabeça.

– Estamos sempre aprendendo. Às vezes como crianças.

– É isso mesmo – concordei.

Laura jogou os longos e loiros cabelos para trás, tentando amarrá-los com as mãos, enquanto caminhávamos tranquilas.

– Hoje tudo nos chega pronto. Talvez por isso nossa incapacidade de percepção – enfatizei, querendo explorar o tema.

– É... – ergueu as sobrancelhas. – Talvez.

Caminhamos uns instantes em silêncio e ela retomou a palavra.

– As informações nos chegam às enxurradas. Rápidas e descartáveis. Não temos mais tempo para acompanhar os processos.

– Com certeza. Além do que, o fascínio da tecnologia nos atrai para outras tantas experiências que acompanhar os processos é para poucos – completei.

– Pois é, um mundo apaixonante, útil e inovador, mas invasivo e perigoso. Hoje somos fotografados, fichados, comprados e vendidos em qualquer parte do globo. Sim, porque nossa personalidade vira "dado" nas mãos desse grande império. Não é mesmo? – observou, esperando minha opinião.

– Claro que sim, não há a menor dúvida. E somos nós que lhes oferecemos, de graça, nosso perfil, nosso endereço, nossos amigos, nossas preferências, sem nos darmos conta de que estamos sendo invadidos em nossa privacidade e liberdade.

– É intrigante a confiança, a fé com que nos entregamos nas mãos de um poder virtual e temos tantas resistências para nos entregar ao poder sobrenatural, divino – disse

Laura com ar inquieto. Depois completou: – É um momento de grandes mudanças. Acredito que leve um tempo para encontrar o equilíbrio.

– É mesmo, até porque nossos cinco sentidos não são capazes de captar tudo o que acontece à nossa volta. Permanecerá sempre o limite, o descompasso, enfim... o mistério – interagi.

Laura continuava a acariciar seus longos cabelos. Mas permanecia antenada.

– Real, virtual, natural, sobrenatural – brincou com os dedos, em sintonia com as palavras –, o mistério está por toda parte.

Pausa.

– Ah, sim... é claro! Universal, individual, espacial, espiritual!... – eu disse, entrando na brincadeira. – O mistério está por toda parte.

– Bem, talvez não seja tão preocupante, ou talvez seja. Ainda não sei. O que sei é que estamos aqui de carona. O Universo não precisa de nós.

– Nem Deus precisa de nós. No entanto, nos sentimos amados, queridos, de forma rara e incrível. E, como seres humanos, penso que somos absolutamente fundamentais para o Universo. Somos sua consciência, quer dizer, temos a percepção, a capacidade de entender a vida e sentir o dever de preservá-la a todo custo. Por isso a importância de orientar para o bem comum todas as descobertas e inovações.

– Bem, esse é nosso grande desafio. E nosso grande prazer também – disse ela, enquanto cruzávamos a porta de entrada.

– Me dê um minuto. Preciso buscar uma informação aqui – falei, esperando sua reação.

– Ok. Até amanhã – falou Laura, soltando o cabelo ao ar.

– Até amanhã – acenei levemente. E separamo-nos.

À TARDE, voltei à horta levada pelo desejo de colher flores de alfazema. Amo essa flor com seus elegantes espigões cilíndricos de cor azul-violeta. Enquanto Marcello nos dava o passo a passo de como utilizar as folhas aromáticas, eu não consegui vencer a tentação de programar essa saidinha, às escondidas, para colher uma porção dessas flores e guardá-las em saquinhos para meu bem-estar futuro. A flor de alfazema tem um aroma limpo e extremamente agradável. Aqui são apenas alguns canteiros com amostras e a floração está começando, agora, na primavera.

Cedo à tentação. Inicio a aventura, inebriada e solta, como "a camponesa" em plena colheita. Mesmo sabendo que o corte das flores é necessário, eu abrigava um sentimento de culpa pelo crime que estava prestes a cometer.

Primeiro porque não tinha permissão, segundo porque, vou confessar, há tempo venho refletindo sobre essa cultura de possuir. A natureza me ensina que não preciso acumular. A árvore estoca o fruto apenas para a estação. A borboleta não tem guarda-roupa de asas. Os pássaros não têm aluguéis de ninhos nem as flores guardam pétalas para trocas ocasionais. Cada um vive no fluxo do presente, tomando da natureza o que lhe é necessário para a vida, permutando sem exigências e sem preços. O ser humano é o único animal que, porque racional e livre, corta, poda, arranca, destrói, mata, se apossa.

– Para quê? – pergunto-me.

Para acumular, ter mais, esnobar, impressionar ou simplesmente pelo desejo de eternizar o conforto, o status, o comodismo?

A resposta veio da natureza, que troca gratuitamente os elementos necessários à vida, sem a presunção de reter para si ou exigir retorno de sua dádiva. Por essa gratuidade generosa, o fluxo da vida continua renovado. Nós, humanos, com o dom da liberdade, podemos obstruir ou estancar esse fluxo e causar a morte prematura. Este é para mim o pecado de origem. O desejo de possuir o outro e o que é do outro gera as desigualdades, as injustiças, o crime, o vício, a infelicidade. É esse pecado que contamina as relações e faz de nosso paraíso uma guerra de egoísmos.

Recordo, agora, de uma vez em que eu viajava com um professor e teólogo. No meio da conversa, ele me abordou com uma pergunta que, se não viesse de um amigo, diria que era capciosa:

– Beatriz, na sua intuição feminina, como você explicaria o pecado original?

Não lembro como foi minha resposta, certamente tímida e insegura, mas hoje, meu amigo, responderia com bastante serenidade.

Na minha intuição feminina, o "pecado original" está na capacidade que temos de entrar no coração dos seres e possuir esses seres. E, no ato de dar, querermos retribuição, como se tivéssemos direitos sobre eles e suas qualidades. Obstruímos o fluxo da energia amorosa, impedindo a fecundidade com nosso "usar" e "abusar". É a interrupção da lei da doação e da reciprocidade. Uma lei natural que, rompida, nos carimba como pecadores e nos mancha, em nossa origem, como espécie.

É preciso educar o desejo de possuir. O que é o pecado senão o "possuir" de forma ilegítima o que é de todos e para todos? O que é o pecado senão a ruptura da confiança? Não é esse egoísmo a raiz de tantos medos imaginários?

Se religião significa *religar* com o divino, o egoísmo é o pecado primeiro e maior que impede essa ligação com o Deus da vida e da gratuidade, que dá o sol e chuva para justos e injustos. Veste as aves do céu e as flores do campo sem cobrar um centavo sequer. Ele nos fez "irmãos" – neste paraíso de possibilidades – e nós queremos ser "senhores". Somos criaturas e não "Criador".

Nos minutos seguintes apenas permaneci ali, a natureza se movimentando na dança da vida, enquanto eu vasculhava em mim a causa dos males.

ENTÃO, EM MEIO AO JARDIM, rezei:

– *Fizeste-nos à tua imagem e semelhança, Senhor. Imprime em nós o teu rosto. O teu coração. O teu olhar. A tua gratuidade. O teu justo julgar. A tua liberdade. Imprime em nossos sentidos a tua percepção e a tua luz criadora e renovadora.*

Solta-me. Desamarra-me para que eu possa superar a matéria, este mundo finito, e meu "eu" se movimente confortável e prazerosamente no teu seio, onde há apenas semente de generosidade, onde a dinâmica da vida está sempre anunciando um novo amanhecer.

Minha razão foi dando lugar ao coração. Deixei as alfazemas e, desprendida, fiz-me semeadora.

– *Semeie o que já brotou dentro de ti* – disse-me a voz interior. – *Deixa generosamente tudo se desprender e seguir seu curso. Não temas em doar. O universo trará novas sementes. Porque quem criou estas tem o poder de criar muitas outras. Semeia e deixa o sopro do espírito cuidar da vida. É o tempo da paciência.*

Sentada no alto da montanha, abri o coração e deixei que ele comandasse a semeadura. Então, vi as sementes brotarem na terra fértil do cotidiano:

A bondade foi às pressas pelas ruas distribuir pão aos que tinham fome e com sua doçura saciou os sedentos.
A humildade lavou os pés dos peregrinos, indistintamente, pequenos e grandes, pobres e ricos, letrados e analfabetos.
A alegria travestida de palhaço percorreu a praça convidando todos a dançar.
A criatividade reciclava com responsabilidade os desperdícios do lixo, reinventando saberes.
A justiça, de olhos e ouvidos puros, abraçava – sem julgamentos – todas as criaturas.
A compaixão silenciosa, esquecida de si, iluminava caminhos e recolhia gemidos.
A mansidão ensinava o duro exercício da tolerância e exalava paz sobre os conflitos.
A ternura, com vestes de anjo, transformava lágrimas em pérolas, brincava com as mãos cansadas e recolhia as queixas, embrulhado-as em seu manto.
O perdão reconciliava os corações como bebês gêmeos no colo da mesma mãe.
A esperança levantava os braços desanimados e reacendia a fé nos corações aflitos.

O amor, ah, o amor! Foi um toque divino, mágico, transformando a terra em paraíso.

Vendo que a virtude pode ser ensinada, sobretudo, se for com o exemplo, supliquei:

– *Mantém-me desperta, Senhor, mesmo enquanto durmo, para que ao acordar, pela manhã, reconheça tua graça no crescimento da semente. Que possa, novamente, ver tua mão cuidando de todos os seres. Andei pelo campo, ora semeando, ora colhendo e outras vezes estragando o que outros plantaram. Apossando-me do que não foi mérito meu ou impedindo que outros semeassem no terreno que é teu. Tem piedade de mim, Senhor, porque trago no mesmo vaso trigo e joio.*

A NOITINHA VINHA CAINDO. Caminhava de volta totalmente imersa em minha experiência, quando fui surpreendida pela presença de Dom Vittorio, que me seguia uns passos atrás.

– O que está fazendo hoje, Beatriz? – disse, parando ao meu lado, sorrindo devagar e com o olhar paciente.

– Não sei definir bem o que está acontecendo hoje. Estou contrita e um tanto triste – disse, abaixando o olhar.

Ele sentou numa mureta do canteiro. Eu ajoelhei.

E como criança, após um dia de descobertas, culpas e medos, confessei minha pobreza, meu pecado, minha fragilidade, minhas sombras, irmanadas às sombras de toda a humanidade. Não foram palavras, mas o coração contrito que derramei aos seus pés.

Trazia comigo Madalena, Zaqueu, o bom ladrão e o cego Bartimeu. O crime fruto do ciúme, como o de Caim, e o crime organizado, sem rosto e sem culpado, de nossos dias. A traição do beijo amigo, como o de Judas, e a traição dissimulada, aplaudida, transformada em comédia ou espetáculo. As sentenças injustas que ceifaram vidas. As guerras ambiciosas que destruíram povos. Os juízos preconceituosos que discriminaram crenças e culturas. As mãos egoístas que roubaram de outrem a felicidade.

Senti o rosto corar. As lágrimas inquietas forçavam as pálpebras. Não ousava olhar para Dom Vittorio. Não sei se era culpa, vergonha ou a nudez do Éden.

Silenciamos.

— Este é um momento sagrado que faz Deus se debruçar como a mãe sobre o filho ferido — sua voz se enterneceu e seus olhos cintilaram.

Parou mais um instante em silêncio, também de olhos baixos, depois prosseguiu:

— É um momento de graça. Grande dom de Deus.

Curvou-se com as mãos em prece. Olhos umedecidos, palavras ensopadas de unção...

Depois fez sinal para que me levantasse. Fez-me sentar ao seu lado. Colocou sua mão sobre meus joelhos. Seu olhar ganhou um quê de infantil e suas palavras eram inspiradas e compreensivas:

— Deixe que, agora, eu também confesse para que, perdoados, possamos continuar nossa vida na alegria e descansar nas promessas de Deus:

Senhor, perdão por mim e por minha Igreja. Faço esta súplica na presença dessa irmã na fé, para que compreendamos que somos todos teus filhos, iguais, sem distinção de gênero, classe ou raça.
Perdão pelo orgulho de pensar de que sou mais, só porque me escolheste e me ungiste como pastor entre muitos. De que tenho privilégios porque me deste maiores oportunidades.
Perdão por ter perdido a inocência das crianças, assegurando-me de tua presença entre dogmas, estruturas e preceitos.
Perdão, por não ter ajudado a Igreja a ser ela mesma como nasceu de teu testemunho e ensinamento.
Perdão por ter negligenciado o papel da mulher no serviço da misericórdia e do testemunho.
Perdão pelas discriminações sobre a conduta das consciências. Pela pouca compreensão, colocando um jugo pesado sobre os ombros de outros, sem saber o quanto é duro suportá-lo.
Perdão pelas vezes que perdemos o foco e nos desviamos da missão, condenando a ovelha desgarrada e sentando-nos à mesa dos inescrupulosos.
Senhor, a Igreja, como eu, queremos a santidade e a sabedoria do teu Evangelho. Dá-nos tolerância com os outros e força para sermos os primeiros a servir, perdoar, apaziguar e experimentar os efeitos colaterais do remédio.

Nossos olhares se cruzaram, e ousei complementar:

— Que nossos erros sejam reciclados para novos aprendizados e que as sementes que nos destes produzam frutos, cem por um, Senhor.

Dom Vittorio abriu a mão direita em sinal de bênção.

— Vamos pedir a bênção de Deus Pai, de seu Filho Jesus e do Espírito de Amor.

Juntamos as mãos – bem firmes – e convictos dissemos a uma só voz:

– Amém!

Voltávamos ao mosteiro, quando eu falei:

– Se isso não o aborrecer, eu não vou jantar nesta noite, Dom Vittorio.

– Nem uma xícara de chá? – perguntou ele, subindo um degrau apoiado em meu braço.

– Desculpe, mas agora quero mesmo é ficar só.

– Sim, sim. Eu também vou fazer isso.

Trocamos um abraço – fruto de uma doce paz – e, como em vestes batismais, nos separamos.

Eu fui para meu quarto e li o comentário de Dalai Lama sobre o Sermão da Montanha (Mt 5,1-6), onde ele concluiu: "Jesus revela a seus adeptos a importância de eles serem para o mundo o sal da realidade e a luz da verdade. [...], que sejam vistos e escutados por suas obras, fruto de seu coração bondoso".

Já na cama, recolhi tudo em meu coração e guardei em silêncio todas essas coisas...

Adormeci agradecida e repetindo: como é bom crer, confiar, amar. Como é boa essa alegria que não depende de um objeto ou circunstância externa. Essa água que mata a sede na fonte sem que nada a possa macular. Obrigada, bom Deus!

Foi o quarto dia.

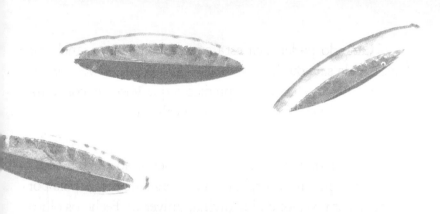

Quinto dia

O brilho intenso do sol faz-me deixar a cama, rapidinho. Quando acordei, o astro do dia faiscava na vidraça e, todo poderoso, arregalava seu sorriso radiante. Espionava tudo, como um rei em seu trono. A natureza submissa, pacífica e receptiva recarregava as energias, entregue ao calor dos raios solares. Manhã raiada, esperta e cálida.

Faço os primeiros exercícios corporais, tomo a Bíblia, minha agenda e disponho-me a interagir afetivamente com a dádiva daquele despertar. Sento-me ao pé da janela e, com meu olhar de criança, vejo a vida em seu amanhecer. Ao longe, avisto campos espigados, estradinhas rurais e lavradores iniciando sua jornada. No chão uma variedade de cores, em contraste com o céu limpo, conduzia meu olhar para os extremos: finito e infinito. Velhos pássaros saltitavam entre os galhos, enquanto pássaros novos ensaiavam o voo. E abaixo de minha janela a rotina do dia: um gato rajado de laranja e branco passa entre um arbusto e outro; o padeiro deixa o pão e Irmã Felícia o saúda com um sorriso gentil.

Quando puder faça esta experiência, abra a janela do quarto, da sala ou do carro, olhe o cenário à sua volta e observe... Sejam campos ou prédios o que você vê, concluirá que, apesar de tudo, a vida sempre vale a pena.

Depois destes momentos de observação, eu me deixo aquecer. Primeiro o corpo, com a energia do sol, depois por dentro, com o calor da luz divina, universal. Fecho os olhos e deixo a luz penetrar todo meu ser. O corpo: sistema por sistema, órgão por órgão, célula por célula. A alma: fibra por fibra, pensamento por pensamento, significado por significado, inspiração por inspiração. Tudo iluminado, aquecido e revigorado. Um mundo refeito pelo amanhecer. Abençoada é esta manhã de primavera.

– *Tua Luz, Senhor, penetre, cure, transforme* – rezo em tom de súplica. – *Transforme:*

Minhas perdas em esperanças.
Minhas dúvidas em certezas.
Minhas buscas em realizações.
Minhas dores em canto.
Meus medos em coragem.
Meus limites em possibilidades.
Meus sonhos em projetos.

– *Complete em mim a tua obra, Senhor: "Tu tens compaixão para com todos; tu amas tudo o que existe; poupas todas as coisas, porque tudo te pertence, Senhor, amigo da vida"* – comecei a ler no livro da Sabedoria, capítulo 11, versículos 23 e 24.

– *Que o sol da justiça e do amor nunca se apague, sobre mim e sobre a humanidade* – suplico num diálogo com o Criador.

– *Que a tua ternura seja sempre plena, sem minguante, porque tu és nossa luz que tudo conduz, dia e noite.*

O amanhecer vai enfraquecendo e a luz do sol confunde-se com o resto da criação que submerge no mundo confidencial dos seres. E eu, agora de pé, de coração aberto e sentidos despertos, absorvo cores, aromas e energia, até me sentir satisfeita, depois vou para o refeitório.

O CAFÉ DA MANHÃ, dessa vez, foi em companhia de um grupo ocidental de eslavos, russos, búlgaros e poloneses. Um povo de pele rosada, fina e lisa. Cabelos claros, também finos e lisos. Sorriso aberto, livre, faceiro, cheio de graça. Usavam vestes tradicionais com adornos na testa, no pescoço e na cintura. Eram jovens casais que acabavam de chegar para um final de semana.

À minha direita sentou um polonês, Estanislau, e, à minha frente, Olga, russa. No olhar de Olga havia brilho, história, saber, afeto e parecia haver tradição cigana. O piscar de seu olho azul era um verdadeiro talismã, um convite a dançar. Seus gestos simples, soltos, graciosos, ternos, inspiravam liberdade.

Falamos um pouco de inglês, mas as palavras apenas não teriam criado vínculos. Foi mesmo a expressão corporal que nos conectou. E, por isso, lembrei-me de uma estatística lida dias antes e que me chamara a atenção: recentes estudos da comunicação revelam que 55% do que transmitimos é por conta da expressão corporal – mais que o tom de voz que é responsável por 38%, e apenas 7% fica por conta do conteúdo expresso por sílabas.

Saímos quase amigas, trocando endereço eletrônico, número de celular e, por tanta cordialidade, o convite de permutar o turismo em nossos países. Realmente, analisei: foi a simpatia e a expressão não verbal que nos enredou.

ESTOU FELIZ. Aberta e contagiada, como se tivesse encarnado a alma cigana. Saio para caminhar, disposta a criar meu novo dia, consciente de que terei as bênçãos do céu para novas descobertas.

O imenso jardim, cercado por um muro encoberto de verde, tinha uma saída do lado leste e, quase despercebido, um estreito caminho por baixo de uma pérgula. Os velhos troncos das primaveras, as tais famosas buganvílias, enroscavam-se em rústicas pilastras de pedra, detonando o conforto paradisíaco de quem já pisou por aqui em tempos longínquos.

De lampejo, um estímulo sensorial perpassou meu corpo com a mensagem: este portão já deu as boas-vindas a celebridades imortais! – imaginei, contemplando aquela beleza rústica, mas definida.

O chão tapetado de folhas azul-violeta convidava a permanecer aí, não fosse o desejo do sol que atraía toda a natureza para o outro lado.

Assim que transpus a pérgula, fui surpreendida por outro espaço castigado pelo tempo. Sem dúvida, esses são espaços que definem, registram, testemunham – continuava a confabular. Havia pedras inteiriças, milenares, e uma velha fonte com duas taças; uma menor, meio metro acima, outra maior embaixo. Da pequena fonte borbulhava um jato de água que enchia a primeira taça e a fazia transbordar em finos fios até a segunda. Abandonando a tênue cortina de partículas a água escorria, brincando livre e solta até cair sobre uma vasta laje límpida, quase um tanque, manso e claro, para depois escoar entre a vegetação, arbustos e ciprestes. A fonte estava cercada de flores numerosas e diminutas. Ao lado um murinho tapetado de musgo deixava cair sobre si os galhos dos velhos e já malcuidados gerânios. Parei para contemplar aquela paisagem um tanto bucólica, mas fui surpreendida por Irmã Felícia diante de um canteiro de rosas. Ela estava a apenas alguns passos à minha direita.

— Falando com as flores, irmã? — perguntei, aproximando-me.

— *Ah! I fiori mi fanno sorridere.*

— Que coisa mais linda! As flores a fazem sorrir, irmã?

— *Si, sorridere e cantare...*

— Esta manhã é mesmo para sorrir, cantar, dançar — completei com um sorriso, também muito feliz.

— É a luz que faz as flores cantarem, você sabia? — falou, enquanto com o olhar selecionava alguma rosa.

— Explique isso para mim. Você diz que a luz produz musicalidade nas cores?!

— Sim, sim, as cores também têm som, você nunca percebeu? Uma tênue vibração que se faz pelo calor da luz.

Então a máquina do tempo me levou às velhas aulas de física na escola e àquela pergunta nunca bem entendida: por que o branco, que é a soma de todas as cores, fica branco e o preto, que é a ausência, fica preto? Deveria ser o contrário... Ou não?

— Eu nem sequer entendo como é que as flores ganham colorido diferente, e você me diz que elas têm som, irmã?

— Têm. Elas têm. Pare bem perto e escute. Mas é preciso muita sensibilidade porque o som é suave como as pétalas.

— E a cor...? — perguntei. — As rosas estão tão perto uma da outra e cada qual com sua cor bem viva e definida. Como pode?

— Você sabe que é um processo da luz no contato com o objeto, não sabe?

— Ah, já estudei isso, mas infelizmente esqueci. Se eu tivesse que explicar não saberia.

— Quando a luz bate na folha, ela absorve o que lhe interessa e joga fora o que não quer. E a cor recusada é a cor da folha, das flores, de todo o objeto que se mostra à luz. É a inteligência do universo!... — disse com ênfase.

Eu estava quase entendendo, então perguntei só para confirmar:

— Então é uma parceria de nosso olhar com os objetos expostos à luz branca?

— É isso mesmo. As cores que nos encantam e inspiram estão no encontro de nosso olhar com a luz refletida sobre os objetos.

Então, agachamos um pouco mais perto de uma rosa branca, e Irmã Felícia deu-lhe realce entre seus dedos, perguntando:

— Isso é branco, não é?

Eu sorri.

— Claro que é!

— Você sabe que neste branco está a mistura de todas as cores?

– Eu sou sempre tentada a pensar o contrário, que o branco é ausência de cores... – comentei. – A vida é um verdadeiro milagre!

– E como a gente esquece que a vida é um milagre! Como não paramos para pensar...

– Irmã Felícia, e Deus...? Ele não tem uma luz maior e mais pura refletindo sobre ele, e talvez por isso que nosso olho humano não o veja?

– Pois é! Mas ele não é objeto. Ele é a verdadeira LUZ, a fonte misteriosa que a tudo dá calor, cor e vida. *Beatrice, Dio aceta tutto e tutto reflete,* é...

– Então ele é vazio e pleno?!

– Sim, eu o sinto assim: Vazio, se assim podemos falar de Deus, porque ele aceita tudo, tudo quer, tudo acolhe e tudo ama. E pleno porque ele é o princípio de tudo e não carece de nada.

– Que maravilhoso! Eu acho a natureza o grande poema de Deus.

– Ah, eu também acho. A criação toda é a sua música e sua obra de arte.

Então Irmã Felícia pediu licença, pois precisava colher folhas verdes para seus coelhos, e se afastou com o cestinho apoiado no braço.

Eu fiquei fotografando com meu celular algumas flores até finalizar com a foto de uma abelha aninhada no seio de uma rosa madura. E caminhando voltei a pensar – só pensar – porque não havia mais com quem compartilhar: quando iniciamos uma viagem de carro, ninguém tem a pretensão de ver o caminho inteiro, claro e iluminado. Os faróis nos dão segurança, iluminando, apenas uns metros à sua frente. E somente uma pane pode nos assustar; do contrário, avançamos confiantes, pois os faróis seguem com sua luz tão perto, tão diante do carro, que prosseguimos tranquilos.

Não creio que alguém, ao assumir o volante, viesse a dizer: Partirei somente se antes o carro iluminar o caminho do início ao fim. Tal frase e esse temor não fazem sentido, pois sabemos que faróis foram concebidos para iluminar o caminho somente à medida que prosseguimos.

É isso que está acontecendo com minha jornada espiritual. Tenho luz própria, a luz de Deus em mim, e ele vai iluminando o caminho passo a passo, metro a metro, à medida que avanço – aconteça o que acontecer. Meu farol é Deus, não temo a escuridão!

Aliás, não é a escuridão que nos amedronta, e sim a falta de horizonte – refletia enquanto caminhava. Quando durmo, a escuridão me agrada, mas ao despertar quero perspectivas, visão ampla, horizontes, você não acha? Pois penso que isso deve acontecer com você também. É o que não vemos que nos causa medo e insegurança.

ENTÃO, FOI COMO SE O TEMPO tivesse parado um pouco. Eu me senti entre o Céu e a Terra, integrada com todo o Universo, de alma expandida, consciência cósmica e espírito iluminado. Vi as cores de outra forma. A vida era vibração. O silêncio estava prenhe. Tudo estava submisso e, ao mesmo tempo, falante.

Continuava a dialogar com meu pensamento e o peito carregado de emoções: sinto-me plena e sou vazia; sou nada e sou centelha; sou ponto, um grãozinho, pó de estrela, uma gota, mas estou na fonte da luz verdadeira. Exposta a essa Luz, visto sua cor e seu esplendor.

Atravessei uma pequena extensão de relva baixa e agreste. Vi a trilha do bosque. Ao chegar à entrada da floresta tive a sensação de estar às portas de um santuário. Baixei as defesas do ego e pensei: "Deus habita aqui". Olhei para o alto, assim como quando a gente busca ligação direta com a divindade. Uma árvore entrelaçava os galhos contra o céu. Os brotos da estação primaveril faziam filigranas soltas, que em parceria com os raios do sol formavam uma obra de arte. Reconheci-me criança olhando para o teto na capela da vila.

Contando com a energia do sol, a água – em pleno ciclo – fazia troca com a terra, floresta e atmosfera. E eu fiquei gostosamente nessa experiência: há musicalidade em mim... Somos dois terços de água em movimento. Há vibração em tudo. Há pulsação, música, dança e vida. A criação está imersa nesse dinamismo harmonioso, nesse banquete de cores; espaço sagrado; eterna religião.

Respiro liberdade e, extasiada, sigo o curso da água que desce pela mata nativa de árvores centenárias. Muito centrada nessa descoberta, encosto o ouvido num enorme tronco e... veio o inesperado. A árvore tinha pulsação. Juro que tinha! Você pode até não acreditar, mas eu senti a pulsação da árvore.

De repente, ouço variações inesperadas na música das águas. Instintivamente, volto à margem do riacho e percebo uma pequena represa. As águas caíam numa enorme vasca. Rodopiavam e depois se embrenhavam pela mata novamente. Alguém lhe havia desviado o curso.

Revoltada, pus-me a defender o rio.

– Quem ousou interceptar-lhe o caminho? – protestou meu coração.

Pausa.

– Quem? Não importa – disse-me o murmúrio do rio. – As circunstâncias não mudam a essência. Minha essência, minha alma, é a água. Eu continuo rio. O caminho é apenas meio, suporte, corpo. Seja ele pequeno ou grande, seja humilde ou opulento, visível ou anônimo, o caminho é apenas a forma, o leito. Sem minha alma, eu não sou rio. Sou apenas um sulco, um traço, uma veia seca e sem vida. Que importa as curvas ou desvios? Importa eu chegar ao mar com minha essência. E essa nunca muda. Minha alma é a água e é a mesma há três bilhões de anos. Minha alma passa do estado líquido para o gasoso ou para o sólido, e eu reciclo sem perder a essência.

O rio murmurava assim, enquanto respingos de sua alma salpicavam sobre a rocha e brincavam no ar, tais quais pequenos diamantes. Outros escorriam pela beirada verde-musgo, enfileirados em gotas, parecendo um colar de esmeraldas.

Sentada à sua margem aprendi que as circunstâncias, mesmo as que parecem obstáculos, podem transformar-se em trampolins para nossa vitória, em orientação para a nossa meta e disciplina para nossa extravagância.

Então, com a alma nas mãos, o rio foi sussurrando em tom de preceito:

No calor, transforme, faça energia.
No frio, suporte, faça reservas.

No anonimato, persevere, faça a pérola.
Na tragédia, reinvente, faça a inovação.
Na vitória, respeite, faça o saber.
Na traição, perdoe, faça a diferença.
Na queda , chore, faça a melodia.
Na liberdade, prossiga, faça a inspiração – porque essas mudanças são tão certas e se sucedem infinitamente, para mim e para ti, como é certo que o dia sucede à noite.

Fiquei ali, às margens do rio, como criança grudada na vitrine, deixando-me surpreender e saboreando as lições que o rio acabara de me dar.

Em meio ao bosque, aquele cenário todo iluminado, o sol em plena cena, uma brisa preguiçosa e o rio querendo descansar...

– Está na hora de eu ir – disse para ninguém em particular, e saí como quem sai do cinema, enquanto o filme ainda não terminou.

Ah, mas valeu a pena! Saí da floresta com a sensibilidade aguçada, carregando a alma do rio juntinho à minha, bem no âmago de meu santuário, e batizei as duas almas como irmãs, para que essa profissão de fé me irmane à criação de forma indelével e fique, para sempre, esculpida em mim a lição do que realmente importa.

NESTA MANHÃ, tão intensa para mim, Marcello nos deu apenas umas sugestões. Começou com alguns simples exercícios de relaxamento e silêncio interior. Depois nos deu uma pitada de estímulo, mas enfatizando que a experiência é muito mais eficaz que discursos e reflexões.

Primeiro falou-nos sobre algumas formas de meditação que nos ajudam a relaxar, concentrar, tomar decisões sábias, sermos menos ansiosos e a integrar nossa personalidade. Diferentes tipos de meditação que trabalham com a mente, relaxando, aquietando, renovando pensamentos e juízos.

Explicou também que: "A verdadeira meditação não é um esforço, uma atividade da mente, pelo contrário, é fazer a mente silenciar". A mente cria pensamentos, e pensamentos são mosquitos que rodopiam criando em nós agitação, tirando-nos a paz. Somente quando os pensamentos se acalmam e a mente não está preocupada em produzir, nosso olhar consegue entrar no profundo do ser e enxergar longe...

Depois, aprumou-se na cadeira, traindo pequeno desconforto, e nos falou da importância das relações, do toque, do afetivo:

– Vivemos numa sociedade onde tudo é comercializado, desde as coisas mais básicas como a água até a dor de uma tragédia; é bem possível que as relações de afeto também comecem a ser objeto de mercado – assinalou. – Não sei se vocês têm a mesma percepção que eu, mas parece que não há mais motivação para acolher a pessoa ferida, doente, necessitada. Evitamos estar em contato com a fraqueza, o insucesso e o sofrimento. Digam: Por que se tornou tão difícil sermos generosos e gratuitos?

O grupo permanecia atento e centrado.

– Se há um momento em que precisamos de nosso semelhante é justamente na fraqueza. Sim, na dor precisamos uns dos outros sem degraus de superioridade ou inferioridade, apenas como semelhantes, ou o que seria melhor, como irmãos. E, para isso, precisamos de humildade. Diante de um sofrimento incurável – só para exemplificar, diante de uma pessoa com Alzheimer ou doença mental –, nos sentimos impotentes e percebemos que nosso poder aquisitivo pode ajudar, mas não tanto quanto nosso afeto, nossa empatia humana. Nestes casos, às vezes vale mais um sorriso, um beijo, um toque, uma prece, que um gordo saldo bancário.

Houve um movimento de desconforto em algumas pessoas, como se estivessem sendo cutucadas na chaga.

– A fraqueza, a dor, nunca podem trazer felicidade, a não ser quando somos amados apesar de nossa "inutilidade". E isso é muito difícil, hoje em dia, porque estamos aprendendo a amar o que nos dá retorno, os que fazem e produzem. No entanto, os hospitais, presídios, casas de saúde estão abarrotadas de fraquezas e sofrimentos também de pessoas com suficiente poder econômico. Nem tudo se resolve na comercialização. Há momentos em que o dinheiro não faz absolutamente nada por nós. O afeto não se compra e se for simulado nada vale. É oferecer bijuteria por ouro.

Eu também absorvia suas palavras com um sentimento de frustração, pois elas coincidiam com algumas de minhas atitudes.

– Querer um mundo perfeito é um ideal, mas sabemos que a fraqueza faz parte de nossa identidade. A ambição leva a humilhar as pessoas que não estão dentro da "norma" ou são ineficientes, o que é uma tirania. É preciso ver a beleza que pode brotar também do lixo e do entulho. Quem pode afirmar que debaixo de tanta fraqueza não esteja escondida uma semente promissora? E bastaria apenas um toque de afeto, de compreensão, para que essa semente desabroche.

Onde a confiança foi destruída, é necessário dar apoio sincero, sem qualquer insinuação de que somos "mais", porém, reforçando a confiança de que todos nós somos melhores do que pensamos...

Marcello reposicionou-se e houve uma pequena pausa.

– Deus se revela na fraqueza e na vulnerabilidade de forma muito humana e ele está conosco muito mais próximo do que imaginamos – repetiu essa convicção várias vezes.

– Nem sempre as coisas mudam como desejamos. É preciso aceitar nossa condição e a do outro e nisto está a verdadeira beleza do ser humano. Quando a ternura – na pele, na voz, na verdade – toca nossa alma, então somos batizados no afeto do outro e nesse toque a pessoa ganha vida.

Agora o silêncio havia tomado conta do ambiente e nada nos distraía.

– Jesus manifesta o amor de Deus através de uma vida muito simples: um toque, uma palavra, um olhar... É esse jeito de ser de Jesus que nos faz compreender a confiança que Deus tem em nossa humanidade. Então a fé em Deus nos torna mais humanos e nos leva a recusar tudo o que desumaniza a nós mesmos e aos outros.

Inclinou-se um pouco para frente, juntou as pontas dos dedos.

– Agora, os deixo com seu próprio coração – disse, com firmeza e suavidade, permanecendo sentado, calmo, olhos fechados, migrando para dentro...

O grupo foi se dispersando aos poucos. Em absoluto silêncio, um por um, foi procurando o espaço para abraçar sua alma e sua solidão.

Eu saí devagar, cuidadosamente, como quem carrega uma bandeja de ricos cristais. Parei num banco do jardim. Fiz tudo como havia aprendido: fechei os olhos, relaxei o corpo, observei o ritmo da respiração e me coloquei na presença de Deus, mas tudo o que eu consegui foi sentir meu estômago roncar naquela meia hora antes do almoço. E os pensamentos vinham como mosquitos que, quanto mais eu tentava afastá-los, mais eles me irritavam. Acabei repetindo crenças positivas:

– *Sou calma e amo cuidar de mim... Esvazio-me para que o novo se faça... Estou confiante e a vida me apoia.*

Lembrei-me, também, de uma expressão dos Salmos: "... meus desejos estão em mim como criança desmamada no colo da mãe" (Sl 131).

Eu não fugi da tentativa, mas a verdadeira experiência a faria em outro momento.

No caminho para o almoço, cruzei com Lorenzo.

– Lindo! Muito lindo! – disse ele, um tanto efusivo, vindo ao meu encontro. Lorenzo estava encantado com essa expressão de nosso idioma. Para tudo ele repetia com gestos e vibrações de um autêntico italiano:

– *Lindo... lindo...*

Acentuava a sílaba *ele* da mesma forma que os dois *eles* em italiano: "*bello... bello...*", e prosseguia a conversa como se a palavra "lindo" fosse a clave de uma música cantada com um sorriso faceiro e aberto, feito uma flauta doce.

– Amanhã minha família vem me buscar. Quero muito que conheça minha esposa, Anna Maria, e meu filho, Pietro – disse-me, enquanto caminhávamos para o refeitório.

Havia muita expectativa em seus olhos. Eu estava feliz por ele e aquiesci com o olhar:

– Terei o maior prazer. Imagino a alegria sua e a deles.

Ele sorriu agradecido, arregalando as sobrancelhas:

– Amanhã à tarde, lembre... – disse isso com a emoção de quem entrega o convite para um espetáculo.

– Sim..., claro! Espero por isso. Amanhã.

Lorenzo confirmou com um gesto de cabeça. E sorrindo mansamente se afastou dizendo:

– *Ci vediamo.*

– Certo. *Ci vediamo.*

Chegamos à sala do almoço em silêncio. Os olhos de Lorenzo emanavam uma energia menina, energia de vigília, antecipando a alegria do encontro. No refeitório havia rostos novos. Algumas pessoas já sentadas às mesas e outros na fila do bufê. Todos focados no ritual, como velhos artistas que já conhecem as regras do roteiro. Pois tudo aí tinha um objetivo: o aprendizado... o crescimento...

TÃO PLENA ESTAVA de significados extraídos do mundo real que, sem perceber, havia se passado dois dias sem que eu acessasse nada do mundo virtual.

Ao abrir meus e-mails, encontro Fernanda remoendo a dor do amor.

"Querida Bia,

Hoje estou com muita vontade de chorar. Não quero mais amar ninguém. Não, não. Os homens são egoístas e não têm sensibilidade. O amor é impossível. É uma grande ilusão. Não quero mais investir um minuto sequer, ou um sentimento, amando alguém. Não vale a pena! Bacci... Fe."

Sei que essa dor não tem consolo, mas assim mesmo procuro estar com Fernanda. É preciso confirmar-lhe de que está sendo ouvida, que encontrou um ombro amigo.

"Fernanda, querida amiga,

Essa é uma experiência dura e pessoal. Não há outro remédio para isso a não ser o tempo e a consciência de que o amor é como o ouro, tem que ser acrisolado. E a dor da traição, Fernanda, é como o sal, dói enquanto a ferida está aberta, mas tem o poder de colocar em movimento nossos sentimentos mais profundos. É dor com poder de transformação. Impõe mudanças. Cria o novo e é imprescindível para nosso amadurecimento. Torço para que você não se perca em seu próprio labirinto, amarga, decepcionada ou, o que é pior, cínica e vingativa, quanto ao amor. Porque esses são os frutos da traição quando não conseguimos elaborar o perdão.

Busque ajuda para superar essa experiência e transformá-la em sabedoria. Em breve estarei em Roma.

Cuide bem de você e de suas escolhas. Beijos, Bia."

Em seu e-mail Mário me fala de Hellen.

"Hellen está mais calma. Os médicos estão conseguindo manter a dor sob controle, mas há medo em seus olhos. Ela quer expressar seus sentimentos e percebo que lhe falta coragem. Talvez por causa de Lucas. Procuro mostrar-lhe que está tudo dentro do 'normal'. Que com confiança superaremos juntos este momento. Mas é difícil, Bia, é muito difícil curar o coração, o dela, o meu e o de Lucas. Estamos todos feridos e assustados. Tudo foi tão inesperado, querida Bia. Às vezes me pergunto: por que isto está acontecendo

conosco? Depois procuro sustentar a vida que ainda está aí, em Hellen, em mim e em nosso filho."

Deixo para falar com Mário mais tarde. Sua dor caiu sobre mim como uma armadilha. O que quero agora é encontrar sintonia dentro de mim. Não tenho palavras para Mário. Vou deixar para depois, quando sentir mais força.

Lá fora cai a tarde. Mansa e radiante como fora a manhã. No jardim a sombra das árvores testemunha a despedida do sol. A noite começa recolher tudo o que já cumprira seu dever e entra em cena um novo episódio.

A sombra das árvores se esguia, magricela, sutil, e sua dança desengonçada desliza no palco, compondo outra paisagem que se fixa indagadora nas minhas retinas e me interrogo:

– O que é a sombra? Outro disfarce da luz? Ela também depende da fonte luminosa? É ausência de luz ou projeção do objeto?

Enquanto divago, em passeio entre as silhuetas das árvores, vejo Dom Vittorio que vem ao meu encontro.

– O que está pensando agora? – disse, estendendo o braço ao alcance de minha mão.

– Olá, Dom Vittorio – e ao invés de uma resposta eu lhe perguntei:

– O pensamento vem por que a gente vê, ou a gente vê e então pensa? – acentuei no desejo de ver poesia nesse jogo.

– Ah, ah! Por que essa pergunta agora? – disse distraído e apoiando-se em meu braço esquerdo.

– O senhor já se perguntou se a sombra, por exemplo, vem antes da luz ou depois da luz?

— Quer mesmo filosofar, Beatriz? Então, vamos nos sentar — convidou em tom gentil e pacífico.

NUM BANCO DO JARDIM, de frente a um canteiro de amores-perfeitos, que sonolentos se fechavam, ele me olhou falando com respeitosa ternura:

— A sombra nada mais é do que o outro lado da luz. Ela ressalta a luz. Os dois lados fazem parte de nossa verdadeira natureza. A sombra é o berço de nossas potencialidades. Sem a sombra as sementes não se abrem para a luz, Beatriz.

— Claro, agora mesmo estou vendo que a sombra se modifica à medida que o objeto se expõe à luz. Sim, a sombra é um efeito do movimento.

— Querer ser sempre luz, sempre bom o tempo todo, é uma ilusão, porque o lado sombrio nos acompanha. Desfazemos esta ilusão quando somos capazes de enxergar nossa sombra sob uma nova luz e não permitimos que o negativo nos domine.

— Perdoe minha chatice, Dom Vittorio, mas estou me enriquecendo ao lhe fazer tantas perguntas; por exemplo: a solidão é ausência ou é presença?

Ele acomodou a perna direita, seu olhar penetrante "escaneou-me" por dentro, buscando em mim a resposta.

— Você ficou bastante só esses dias, você conheceu a solidão?

— Sim. Ela esteve comigo, mas não como ausência. Pelo contrário. Nunca fui tão plena. Tão envolvida de "presenças".

— Então: esse é um aprendizado que se faz com o despertar da consciência. Quando se está conectado com nossas raízes, com o meio que nos cerca, com o presente e com a meta que traçamos em nossa jornada, a solidão é nossa parceira.

Soltou o olhar para um ponto definido em sua mente.

– A solidão é vazio, ausência, quando se evita o contato com a realidade. Entramos no mundo como indivíduos livres e sós. Assim como a sombra, também a solidão é inerente ao nosso ser. É o preço de nossa liberdade e individualidade. É a expansão de nossa consciência, de nosso eu. Esse espaço, com sentido de vazio, é o espaço que a consciência cria para sustentar a individualidade. Criar o novo. Lançar-se à busca de algo mais. Ela é a plataforma que nos prepara para alçar voo e aterrissar com o sabor de descoberta.

Virou-se mais para mim. Eu concordava atenta, com leve sorriso e satisfação no olhar.

– É na solidão, no contato com nosso "eu único", que forjamos nosso caráter e assinamos nossa história. Se considerarmos a solidão como abandono – ausência de sentido –, estamos fugindo de nós mesmos, entregando nosso destino a outros. Sem essa compreensão a solidão assusta porque nos pertence e nos transcende.

Depois de cumprimentar dois passantes que lhe sorriram, continuou com maior convicção e doçura:

– Uma vez compreendida, a experiência da solidão se torna uma amiga desejável – arregalou os olhos. – O que não elimina a dor, a saudade, a tristeza, o sofrimento.

– Isso tudo leva tempo pra gente aprender, não é? – perguntava sem saber o quanto minha mente aprendia com o que acabara de ouvir.

Ele ergueu as sobrancelhas meneando a cabeça.

– Cada um tem seu tempo, assim como cada um tem sua digital – depois, desconversou mencionando as sombras que já iam desaparecendo, antes de o sol dar lugar à lua.

Levantou, inclinou-se estendendo a mão e perguntou:

– Janta comigo hoje?

– Com prazer. Estou curiosa por saber o que Irmã Felícia preparou para o jantar.

– Nada sofisticado. Pedi que à noite fosse sempre uma boa sopa e de cortesia uma sobremesa.

– Ah, mas as sopas italianas são uma delícia. E a sobremesa, se for *tiramessù* tenho direito a bis?

– Nosso *tiramessù* é tão substancioso que acho que não vai conseguir, mas fico feliz se repetir – concluiu risonho.

Nesse momento a dor de Fernanda povoou minha cabeça. Paro um pouco, enquanto ele solta meu braço para acertar um sapato que o machuca.

– Dom Vittorio, o senhor já foi traído?

– Hum? Por que essa pergunta agora? – disse recuando com o rosto embrulhado na surpresa.

– Desculpe, é que estou com duas dores espinhando dentro de mim. Uma o senhor já aliviou ao me falar da solidão. E contei-lhe a dor de Hellen e Mário, e também o modo como eles estão trabalhando esse sofrimento. A outra está ainda latejando aqui em meu peito. É Fernanda, que não acha o caminho do perdão.

Paramos no alpendre do chalé. Eu queria uma palavra que me ajudasse a consolar minha amiga, e lamentei:

179

— Não entendo por que tem que ser assim. Fernanda é um estímulo para mim. É uma mulher que tem a delicadeza de uma flor e a força de um touro. E agora não consegue sair do lugar.

Com um gesto de cabeça, ele enfatizou:

— A traição gera um vácuo, um corte, ela separa, distancia. Por isso a pessoa fica perplexa, sem saída. É na forma como lidamos com esses sentimentos que nos distinguimos. Porque, depois da experiência de uma traição, a pessoa jamais será a mesma. Huhuu — balançou a cabeça —, jamais...

— É um momento difícil — concordei, enquanto abria a porta.

— É sempre um momento perigoso, de crise, que nos coloca diante de uma opção existencial — disse em tom mais baixo.

— Escolher o caminho do perdão, trabalhando o que nos resta, ou fixar-nos em nosso trauma, cheios de raiva, de vontade de nos vingar, cegos a qualquer compreensão, excluídos da energia do amor. Não podemos fazer muito, porque é uma opção pessoal.

— Nossa! Como seria desastroso o segundo caminho — completei com seriedade.

Ele puxou a cadeira e apoiou-se no espaldar.

— Na hora da traição as pérolas genuínas, delicadas e sensíveis, podem se transformar em pedrinhas, ou calos, que nos impedem de caminhar com liberdade.

— Eu compreendo, mas quando a traição vem de uma pessoa querida, dói muito, é impossível perdoar. Eu conheci Diogo e Fernanda. Até outro dia parecia tudo ideal.

— A traição sempre vem de pessoas queridas, Beatriz, onde houve a confiança. O inimigo não trai, quem nos trai são nossos amigos. A confiança traz implícita a traição e a traição traz implícito o perdão. Porque a experiência do perdão só é possível se formos traídos.

— Isso me parece cruel, injusto, não é, Dom Vittorio? — perguntei, enquanto sentávamos à mesa.

— Sabe que até um coração bom pode magoar e trair? E, depois, amar é envolver-se em riscos. Se fizermos o bem na certeza de sairmos intactos, sem nenhum arranhão, ou tão somente enriquecidos, onde está o dom, a gratuidade, o amor incondicional?

Meneei a cabeça apertando os lábios.

— Se saltarmos apenas onde há segurança e certeza, onde está o desafio?

— Realmente, a gente se cura expurgando a chaga, custe o que custar...

— É o aprendizado para a vida adulta. Se quisermos ficar sempre na segurança, permanecemos infantis. E, depois, qual o ser humano que não precisa de perdão? Quem de nós está isento de trair e ferir? Esta é a tragédia humana — olhou-me para certificar-se de que o estava entendendo.

Desdobrando o guardanapo, continuou pensativo:

— Quando foi que Jesus elevou esse sentimento humano? — olhou-me demoradamente. — Hum!?... Amigo, com um beijo você me entrega?

Assenti compenetrada.

— Mas é muito complicado e dolorido — comentei, enquanto lhe servia a sopa. — A traição parece não merecer perdão. Humanamente falando, Judas não merecia perdão.

Ele foi rápido e incisivo:

– Não merecia mesmo. Por isso que o perdão é dom. É o sentimento mais sublime, mais heroico de todos os sentimentos religiosos. Ele não vem de nosso "eu". É preciso pedi-lo. Pedi-lo ao céu, porque perdoar é divino. E se o outro não merece o perdão, nós merecemos as dádivas que o perdão nos traz!

Sorveu uma colher de sopa:

– Pense bem: quando você perdoa, está se livrando da energia negativa, da mágoa, das pessoas e situações que não merecem mais sua atenção. *Lascia andare...* – completou com um gesto aberto de mãos e cabeça e em tom apropriado.

– Pensando assim é mais fácil perdoar, mas voltar a conversar, ter confiança com a pessoa que nos traiu, me parece impossível – falei, sabendo por experiência quanto isso custa.

– Vou lhe ensinar uma técnica – disse-me com o olhar de paciente pedagogo, enquanto repousava a colher.

– Jesus não é amigo dos pecadores?

– É o que eu acredito – confirmei na expectativa do que iria me dizer.

– Então, agora, imagine a pessoa que te magoou tendo uma conversa com Jesus. Dê o nome a essa pessoa...

Afastou um pouco a cadeira.

– Pense Jesus convidando (essa pessoa que você já lhe deu nome) a sentar-se em seu joelho.

Tamborilou com os dedos em seu joelho direito.

– Aqui... ó. Essa pessoa sentada aqui.

– Humm – assenti novamente, enquanto imaginava a cena.

Batucou no joelho esquerdo.

– Depois Jesus convida você também. Aqui, no outro joelho. Uma de frente à outra. Como duas crianças, porque, se ainda não sabemos perdoar, somos imaturos na fé.

Eu o escutava imóvel.

Ele abriu os braços num gesto conciliador e se tornou só brandura.

– Jesus conversando com vocês, ajudando-as a reconciliar-se, a fazerem as pazes. Querida, depois desta experiência você não consegue olhar para a outra pessoa de cara fechada. Experimente... É simples. É apenas uma técnica, mas pode funcionar.

– Vou tentar – falei, desarmada.

Então ele aproximou a cadeira da mesa e, enquanto jantávamos, foi falando do que significa ser criança no Reino de Deus.

No caminho de volta ao mosteiro, conversamos ainda sobre a solidão que pode ser nossa boa companheira.

Depois, acompanhou-me até a entrada, aproximou-se e quase confidencialmente sussurrou: durma sempre com sua alma e ao acordar o primeiro sorriso seja para ela, então nunca estará sozinha, vazia ou desorientada.

– Vou fazer isso.

– Boa-noite, Beatriz.

– Boa-noite, Dom Vittorio.

Entrei, e ele permaneceu conversando com dois jovens. No meu quarto, fiquei emocionada pelo privilégio dessa partilha, cujas palavras foram simples, mas compreensíveis, profundas, cheias de bondade e ternura transformadora.

Abri o computador para falar com Mário. Mas como falar de maneira sincera, delicada, sem aguçar a dor? Tentei.

"*Boa-noite, Mário.*

Espero que teu coração tenha encontrado sentido para o sofrimento. Como espero também que Hellen seja tão ungida e agraciada por Deus que qualquer desfecho seja uma recompensa para sua luta. Lembro ter lido um pensamento que diz algo assim: 'Toda a dor traz uma dádiva em seu âmago'. Faço votos que a dádiva dessa dor seja uma mola propulsora que nos leve ao crescimento, todos nós que os amamos, mas, sobretudo, seja uma força vital para vocês três, cujo afeto os une de forma irrevogável. Que lhe seja concedida a graça de contemplar a dádiva e aceitar o invólucro que a esconde. Não feche as cortinas de sua alma, não desista das surpresas da vida.

Conte com minhas orações e grande afeto, Bia."

Mais tarde, já na cama, registro em meu inconsciente que daqui para frente meus problemas serão apenas desafios e se, em algum momento, não tiver força de vê-los assim, recolho-me dentro de mim esperando a dor passar. Porque tudo passa e a felicidade é aluna desta sabedoria. Então, compreendi que as dores, os problemas, toda a situação, esconde seu dom, portanto:

Garimpe a pérola que está no coração de qualquer dor.

... escrevi na minha agenda. E nessa paz inquieta rezei:

– Se toda dor esconde uma dádiva, dá-me força para aceitar sua ferroada, Senhor. Dá-me sabedoria para apreender o significado específico que o sofrimento contém. Dá-me ferramentas para extrair o tesouro escondido no coração de cada dor e dá-me a humildade de mostrá-lo ao mundo como dádiva de tua misericórdia. Que eu aprenda a respeitar a dor do outro como um sacramento único, pessoal, cujo tesouro extraído só a ele pertence. Que eu veja a dor como uma oportunidade, jamais como um castigo. Que toda a dor, minha e da humanidade, cicatrize com o perfume da solidariedade e o beijo de tua misericórdia.

Depois, embalada por meus pensamentos, adormeci na espera do "novo" que toda dor reconciliada pode nos ofertar.

Foi o quinto dia.

Sexto dia

Hoje acordei querendo quietude. Não, na verdade, nem acordei. Estou no processo entre a vigília e o sono, e sinto vontade de ficar comigo. Estacionada, sem esforço, sem resistências. Simplesmente sendo. Com o corpo calmo como navio ancorado, e a alma imersa feito peixe no mar.

Não é quietude passiva o que sinto. É quietude de vigília, embora nada procure, nada deseje, nada espere, nada retenha. Deixo o corpo em seu repouso e procuro não acordar as emoções. Largo a consciência e permito-me, apenas, conceber, entregue à minha própria alma.

Se vierem palavras, as quero limpas e autênticas. Não as vestirei com adjetivos nem terão sinônimos. Elas mesmas, na sua versão primeira, originais, sem racionalidades e sem barulho.

Murmurei tudo isso mentalmente porque uma intuição, quase reveladora, aninhada em algum canto de mim, tentava se manifestar. Então, virei de lado e migrei para o inconsciente.

DEPOIS, NÃO SEI se foi um cochilo ou uma espiadela no paraíso. De repente, estou numa imensa bola de luz branca, solta no espaço, sem forma, sem cor, sem textura. Algo etéreo. Sinto-me envolta num ambiente de pura felicidade. Em outro plano, cuja essência é o consolo e a paz. Percebo pessoas de meu passado, entes queridos. São eles, sem dúvida – uma certeza me assegurava. E, num só lance, vejo a vida inteira de todos os que já partiram e sua personalidade inconfundível. Estão sem roupas, mas não estão nus. Estão sem forma e, no entanto, lembro-lhes o nome e o sobrenome. Estão felizes e sem alarde. São seres luminosos e têm as marcas da humanidade. Flutuam sem perder o equilíbrio. Sorriem sem ter rosto. Comunicam-se sem palavras. Desejam que eu entenda, e confiam que assim será. Então, no ambiente, vibrou uma mensagem forte e intencionada:

– Este é o céu. Este é Deus. Pura felicidade. Puro amor. Puro deleite. Nosso oxigênio, nossa vida e nossa bem-aventurança.

Desperto e vejo que estou na cama. Foram apenas segundos. Segundos de eternidade? Uma experiência do céu? Quem sabe! Movo o corpo como se acabasse de ser ungida. Deus me visitou e... já foi... Estou sozinha outra vez. Eu comigo mesma – constato perplexa por um instante. Mas ficaram os sinais de sua passagem em mim e ao meu redor. Tudo é certeza, tudo é paz. Pura energia alquímica. E volto à quietude e à paz dessa singular epifania.

EXERCITO LEVEMENTE o corpo com movimentos pequenos e circulares. Respiração leve, lenta e profunda. Faço alguns alongamentos e provo muita alegria. Depois escrevo – dispenso o caderninho azul – em qualquer espaço em branco:

Hoje dei um mergulho no céu. Vi Deus. Não com estes olhos. Aliás, não vi, percebi. Percebi de olhos livres e coração em festa. Ele é a felicidade, o amor, a vida, a bem-aventurança. A morte é apenas uma viagem, condição para alcançar a outra margem. Estarei lá. Meu "eu" – centelha de Deus – em plena comunicação de amor. Sou eu, sou Deus... Ele em mim: o céu.

O amor de Deus preencheu meu coração e eu possuía a sensação de ser um fragmento de divindade.

Minha vontade era de permanecer nessa quietude, no sabor e calor deste "presente". Mas como tudo na vida é feito de momentos, de movimento e de entrelaçamentos, é preciso interagir. Então, faço caminho.

Ao sair pelo corredor, percebo, pela primeira vez, um afresco de Giotto: a Ressurreição. Ele já estava lá, quem sabe há quanto tempo, mas eu só o percebi agora. Estava incrustado numa ligeira reentrância, de frente à escada que leva ao andar de cima, a poucos metros do caminho que faço todos esses dias. Fico surpresa e convidada a parar.

SENTO NO SEGUNDO degrau da escada e observo. Os contornos da pintura já estão carcomidos, mas as figuras centrais permanecem vivas e falantes: os soldados dormem e os anjos confabulam. Em primeiro plano, destaca-se a figura de Jesus e Maria Madalena. Meu olhar enquadra e recorta – como em foto – as mãos suplicantes (as da mulher e as de Jesus) pedindo pausa – "Não me retenha. Não me procure mais no espaço-tempo, no mundo exterior, no mundo dos sentidos", parece dizer Jesus. "Eu vou estar com vocês de maneira nova, imortal, na dimensão invisível do ser. Não me retenha. Vá e anuncie esta experiência de ressurreição, esta esperança de imortalidade."

– *Fazei a paz, construí-a em vós e velai para que ninguém vos roube esta certeza.*

Naquela obra de arte, o gesto das mãos tem como fundo uma grande pedra, que para mim representa a concretude da vida. A vida que depura, cristaliza e agrega: o grão, o pó, a gota, e dá forma à matéria. Sobre essa concretude, Deus se revela e deixa seus sinais. As mãos de Madalena, num plano inferior, ainda tocam as folhas das árvores – o humano. A mão de Jesus, mais ao alto – como quem está de saída – permanece entre o Céu e a Terra. Com esses detalhes, Giotto parece querer mostrar que o visível e o invisível são dois mundos, duas realidades próximas e distintas, sempre desejadas e nunca plenamente alcançadas. Dois horizontes que se cruzam e não se confundem. Então, meu coração como o de Madalena, de Agostinho – e de milhões de outros corações –, inquieto suplica ao Senhor que fique conosco, porque o queremos sempre perto, muito perto, eternamente conosco.

Embora esteja apenas diante de um afresco, a representação das figuras, o traço que inicia a arte em perspectiva conduz-me ao humano com marca do divino. E descubro Deus nas mãos do artista, assim como vi Deus nas mediações da natureza. Nesse momento, nasce imperiosa a vontade de falar com ele:

– *Senhor Deus, hoje desejo ter braços que alcancem o céu. Mãos puras que possam te tocar. Olhos ajeitados para te eternizar. Ouvidos empenhados em te acolher. Coração semelhante ao teu para subir junto ao Pai. Fé sem limites, para que teu toque queime meus medos, neutralize meus preconceitos, quebre minhas máscaras, fortaleça minha vontade, me faça caminhar sobre as águas e me revista de tua bondade. Não importa se repetes: "Não me retenhas". Importa ouvir tua voz. Saber que sou de ti conhecida. É só questão de tempo e espaço. Quero estar onde estás e sentir-me enviada como Madalena.*

Sim, hoje gostaria de estar com a multidão. Numa praça em Nova York, num estádio no Brasil ou no metrô no Japão. Queria um canal de tevê, acesso a um satélite, inscrição na convenção das Nações Unidas para alcançar um por um e todos os meus irmãos. Dizer aos amigos e às multidões: "Vi o Senhor. Ele está vivo!".

Talvez você esteja pensando que essas experiências acontecem somente com os místicos, experiências para almas elevadas. Não, elas podem acontecer comigo, com você, com qualquer pessoa que se disponha ao voo da fé na confiança de alcançar os braços de Deus. Acredite! Elas acontecem muito mais vezes do que pensamos. Talvez nos falte apenas a coragem de expressá-las e assumi-las.

Despeço-me de Giotto, pois está na hora da meditação com Marcello. Caminho carregando uma infinidade de desejos e outro tanto de perguntas sem respostas. Amanhã é o último dia desta bem-aventurança – vou pensando com um fio de ansiedade –, depois volto ao meu cotidiano, insignificante e anônimo. Serei capaz de testemunhar esta fé na complexa trama das relações humanas? Conheço minhas fragilidades que limitam meus desejos e sei da minha habilidade destreinada diante das surpresas do outro. Sei que vou surpreender-me muitas vezes, ainda, agindo contra minhas crenças e opções. Mas agora estou cheia de esperança, de energia boa, de fé e de sensibilidade. Procuro afastar a tentação da descrença e, nesse duelo entre o medo do fracasso e o treino para a vitória, chego até o grupo de Marcello.

FOMOS A UMA SALA com pequenas janelas basculantes acima de nossa cabeça e nos acomodamos. Depois, fomos conduzidos à meditação mais profunda.

– Procurem sentar em posição cômoda, com a coluna ereta e relaxada – dizia Marcello com tom de voz tranquilo.
– Concentrem-se na respiração. Observem as sensações do corpo... Esvaziem a mente... Deixem que tudo – mente, corpo, emoções – se acalme, fique sereno. Repitam aquele mantra que cada um escolheu. Respirem profundamente e com a respiração acolham o dom da vida.

Quando percebeu que reinava uma experiência de bem-estar, e havíamos alcançado certo grau de concentração e calma, Marcello introduziu o tema do dia: *A arte de não julgar*. Falou-nos com o cuidado de um artesão que entrega um novelo de fio, tênue e delicado, para desenredar.

– Deixemos a mente livre e atenta para seguir essa caprichosa arte de não julgar. A convivência humana é uma linha frágil que se entrelaça no contexto das inter-relações e precisa ser conduzida com discernimento. Desde criança aprendemos a formular juízos sobre o que é certo e errado. Registramos princípios do que deve ou não ser feito. O sim e o não são as primeiras barreiras de nosso existir. O que é bom e mau, o que agrada ou não, bebemos com o leite materno. E tem que ser assim porque somos aprendizes, precisamos ser educados em nossas escolhas e comportamentos.

Fez uma pausa. Apoiou os cotovelos sobre a mesa e continuou.

– A arte está em não levar o rigor do juízo que temos com nós mesmos para a tessitura de sentidos que constrói nosso olhar social. Porque cada olhar tem um sentido, e cada sentido tem uma ação que forja a identidade pessoal de cada um. E o coração da identidade é a consciência, espaço sagrado onde ninguém pode advogar a favor ou contra. Somos livres e autônomos, originais e irrepetíveis. Cada qual tem a responsabilidade do próprio laço e do próprio ponto na construção da teia social. Mas ninguém foi constituído juiz do outro.

Reposicionou-se na cadeira. Deixou o silêncio amarrar o que já havia lançado e voltou a capturar nossa atenção.

– A arte de não julgar é caprichosa, difícil, sutil, quase impossível de se conduzir. Ela nos escapa, nos engana e nos fragiliza, mas dedicar-se a ela é fonte de felicidade. Fazer-se aprendiz desta arte é a certeza de ancorar em porto seguro. É provar o prazer do pescador na ardilosa destreza de lançar o anzol. É escorrer livre como a água – ir e voltar –, fluindo pelas veias das relações como se estivéssemos tecendo com o coração.

Então deu uma pausa maior, certificando-se de que estávamos prontos para recolher a essência, e continuou pausadamente, gota por gota. Com o que eu me deleitei, transcrevendo em forma de poema:

Se aprenderes a não julgar, terás tempo para cultivar o amor.
Se aprenderes a não julgar, verás que tudo flui sem teu controle.
Se aprenderes a não julgar, terás a benevolência
no olhar do outro.

Se aprenderes a não julgar, não correrás o risco da culpa.
Se aprenderes a não julgar, verás que o melhor de cada um está escondido.
Se aprenderes a não julgar, serás chamado de amigo, muito querido.
Se aprenderes a não julgar, verás que ninguém decepciona ninguém.
Se aprenderes a não julgar, repartirás sem medos a felicidade.
Se aprenderes a não julgar, verás que tudo vai e tudo vem, fluindo com a vida.

Quando me dei conta, o grupo estava tão atento que parecia transcender e Marcello falava quase declamando:

– Observem a natureza: as flores, as cores e os amores são todos: senhores. Senhores de seu fascínio. Senhores de seus espaços. Senhores de seus destinos. Senhores de seus abraços. Alguém pode proibir as cores de compor o arco-íris ou enfeitar os peixes do mar? Alguém já deu ordens à flor, dizendo-lhe: "você não pode exalar seu perfume nem dar seu néctar ao beija-flor"? Alguém já aprisionou o amor dizendo: "não abraçarás o inimigo, nem perdoarás o pecador"?

E quase em desafio à empáfia humana continuou:

– A flor já precisou de nossa permissão para desabrochar? O azul solicita nosso julgamento para cobrir o céu, ou o arco-íris para abraçá-lo? O amor já pediu conselhos para se apaixonar?

Meneou a cabeça, lançou um olhar como quem procura um adversário para suas questões e prosseguiu:

– A cor vermelha não muda porque desejamos o lilás. Uma rosa nunca será orquídea porque gostamos de orquidário. E, assim, o amor. Quem pode mandar nele? Experimente pôr barreiras ou correntes. Ele tem sua lei, sua razão, seu comportamento e segue livremente entre lágrimas e risos, tropeços e vitórias, acertos e desenganos.

Deixou outra vez o silêncio produzir efeito dentro de nós...

– Quem aprende a não julgar, voa. Não fica ciscando o chão. Empurrando, pisando, chifrando ou dando coices. Estas são atitudes de quem rasteja. Se você já fez a experiência de voar, sabe que no alto é preciso focar a meta, não podemos nos dar ao luxo de julgar o outro. Acreditamos que ele seja responsável pelo seu plano de voo, sua engenharia e combustível. Porque não existem voos iguais, ao mesmo tempo, e na mesma rota. Ademais, somos todos seres em construção, inacabados. Julgar o que está incompleto é sempre perigoso, senão arbitrário.

E concluiu:

– E assim, como não temos o direito de julgar, também não devemos permitir que outros julguem a "semente de vida e imortalidade" que é nosso "eu". Não dê livre acesso a esse santuário. Porque lá, tu és o melhor amigo de ti mesmo. Lá, és tu mergulhando nas águas profundas; és tu alcançando a outra margem. É lá que dás brilho a tua pérola, compões a tua música e escreves a tua história. Tu mesmo, senhor de teus passos e descompassos. Tu, pescador de ti, artesão de tua teia, senhor de teu castelo. A arte de não julgar estreita a distância entre o sonho e a realidade. Façamos desta arte irmã de nosso olhar, mestra de nossos pensamentos e senhora de nosso coração.

Fez uma última pausa. Levantou-se e, com as mãos em prece, recolhido em si, respeitoso, inclinou a cabeça e orou:

– Assim seja!

Depois nos informou que no dia seguinte, sábado, haveria uma celebração, às dezenove horas, no pátio que fica entre a horta e o passeio para o bosque. Teve o cuidado de esclarecer que não seria uma celebração de fé confessional, mas ecumênica. Estávamos todos convidados a participar.

Eu voltei a migrar dentro de mim e percebi minhas mãos cheias de semente boa. Armazenei para as estações da vida – constatava feliz –, armazenei para a chuva e para o sol, para o inverno e o verão, para a bonança e para a tempestade. Para o amanhecer e o entardecer. Preciso apenas do discernimento para saber a hora certa, o lugar certo e a pedagogia certa para cada semente. Então, escrevi em minha agenda:

Ah, sim, preciso da arte do cultivo: paciência e muita... muita e santa sabedoria.

Abro a Bíblia e bebo na fonte de meus antepassados: "Deus dos pais e Senhor de misericórdia, tudo criaste com a tua palavra! Concede-me a sabedoria que está entronizada ao teu lado. Manda-a desde o céu santo e envia-a desde o teu trono glorioso, para que ela me acompanhe e participe dos meus trabalhos, e me ensine o que é agradável a ti" (Sb 9,1.10).

– *Ensine-me a ter um coração suave, uma mente aberta, olhos livres para respeitar as diferenças e acolher o novo que nasce a cada segundo* – acrescentei.

Nesse momento, uma voz pequena começou a murmurar no centro de meu estômago. O murmúrio foi crescendo, criando movimentos de vida, até eu descobrir que estava na hora do almoço.

Imagine, agora, o que nos esperava: *Spaghetti All'Aglio e Olio*. Os legítimos *spaghetti* italianos tipo *grano duro*. Estavam vivos, fumegantes, lustrinhos, aromatizados, dinâmicos, *al dente*. Pareciam dizer: "Deixe tudo por minha conta". Eu só tive o prazer de me deliciar junto à alegria doada por um nutritivo vinho tinto. Foi o que fiz, desfrutei de sabores e aromas com a mesma gratidão e responsabilidade com que absorvia as palavras no coração.

APÓS UM BREVE descanso, acesso a internet, esse outro celeiro de joio e trigo. A vantagem é que no virtual você pesca ou enfrenta, apenas, o que você escolhe. Na internet nada vem por conta própria. É preciso mecanismos de busca. Mudam as tecnologias, mas a comunicação continua com as clássicas estruturas. A maioria prefere a "exposição seletiva" – dizem estudiosos da comunicação. Quer dizer: vou para as informações que me determino a buscar, o que se ajusta ao meu propósito, segundo minhas prioridades.

Não é isso o que vem acontecendo no Orkut, Facebook, Twitter etc.? Agrupamos amigos, pessoas de interesses e opiniões parecidas com as nossas. Os sites das redes sociais alimentam contatos prazerosos ou, no mínimo, vínculos de interesses afins. Dificilmente interessa às redes sociais discutir, debater, discordar. São redes de amizade, de afetos mais do que fóruns polêmicos. Conversas informais, um bate-papo, que geram interação e podem, sim, mudar realidades, mas para isso é preciso sensibilidade, profissionalismo e monitoramento.

Enquanto navego e filosofo um pouco sobre essa nova experiência do virtual, Lorenzo me procura.

– Oi, Beatriz. Gostaria de lhe apresentar minha esposa, Anna Maria.

– Humm. Chegou? Trouxe Pietro?

– Sim, estão nos esperando no jardim – disse todo efusivo.

Quando chegamos, Anna Maria fotografava detalhes da natureza, com seu smartphone. Estava elegantemente vestida. Saia longa, azul escuro, com minúsculas florzinhas brancas. Blusa levemente solta, formando discretos balões nas mangas. Ao nos avistar, presenteou-nos com um alegre sorriso, de dentes branquíssimos e lábios carmim, enquanto ajustava no braço sua bolsa de grife.

– Muito prazer! Realmente vocês foram premiados com este espaço – disse ao mesmo tempo em que, com o olhar, vigiava Pietro correndo descontraído pelas curvas do imenso jardim.

Pietro é um menino encantador. Desses modelitos italianos para propaganda. Vestia camisa descolada, bermuda listradinha, com dois grandes bolsos laterais e longas meias azuis de listras brancas, e um tênis combinando. Todo estiloso, balançando o cabelo louro meio encaracolado, corria, parava e, de novo, procurava novidades.

Estávamos todos observando a faceirice do menino, enquanto a mãe contava para Lorenzo – incluindo-me como receptora – o que Pietro descobriu no caminho.

– À noite, ao deitar – disse Anna um tanto discreta – rezava com ele pedindo ao Pai do Céu que o abençoasse. Contei que você estava num lugar de silêncio, mais perto de Deus, porque você queria entender algumas coisas mais difíceis. Então, ontem à noite ele rezou pausadamente, assim: "Querido Deus, obrigado por estudar com papai as coisas que ele não entende. Fiquem amigos, bons amigos, tá? Brinquem juntos e depois venha com ele para nossa casa".

Lorenzo estava visivelmente emocionado, mas Anna continuou:

– Agora, durante a viagem, vi que ele grudava no vidro do carro, espremendo o narizinho no vidro, absorto e silencioso. De repente, falou decidido como Galileu Galilei, quanto à sua descoberta:

– Mãe, mãe... descobri o metro de Deus.

– O que você disse, filho?

– Vi o metro de Deus?

– Onde você viu o metro de Deus, meu amor? – perguntei.

– Olhe, mamãe – e com o dedinho apontou as placas de sinalização da quilometragem rodoviária.

– Você disse que papai foi estudar na casa de Deus. Olhe aí... é o metro... Eu acho que ele vai mostrar onde fica a casa de Deus.

Os olhos de Lorenzo umedeceram e, disfarçadamente, saiu para abraçar Pietro que já vinha ao encontro do pai. Os dois partilharam um mundo de alegrias, curtindo o prazer de risadas, segredinhos e abraços, enquanto Anna Maria e eu tecíamos comentários sobre o universo infantil.

Assim que Lorenzo voltou para nós com Pietro, Anna Maria desculpou-se por não demorar mais. Precisavam chegar à cidade antes do escurecer.

Despedimo-nos na promessa de nos reencontrar. Assim que o carro saiu de vista, a descoberta de Pietro alugou minha imaginação sem negociações.

Como em minha mente a imaginação é dama livre, deixei-a vasculhar o que quisesse. Percebi-me cantarolando: Qual é o metro de Deus... Como é o metro de Deus... Quem é o metro de Deus... Existe o metro de Deus?

E a resposta veio assim:

*Podem ser teus pés, quando teu caminho vai
ao encontro do outro.
Podem ser teus braços, quando constroem a fraternidade.
Podem ser tuas mãos, quando doas generosa e gratuitamente.
Podem ser teus ouvidos, quando escutam
sem preconceitos e julgamentos.
Podem ser teus olhos, quando se guiam pela essência,
e não pela aparência.*

Parei um pouco e refleti: "O metro de Deus é muito diferente do nosso, porque a medida de Deus é aberta, abundante, generosa, infinita. Ela é exata sem ser matemática. É justa sem ser improcedente. É pródiga sem ser desgovernada".

— Talvez o metro de Deus seja a vida! — murmurei. Não diz a sabedoria popular: "Cada um colhe segundo semeia?", ou "A vida te dará o troco?". Então: Deus nos deu a vida como metro, e ainda veio em pessoa nos ensinar a medida do amor, da justiça, da verdade, do caminho que nos leva à sua casa.

Caminhava ainda pelo jardim, gulosa por essas descobertas geradoras de atitudes novas, quando avistei Dom Vittorio que vinha vagarosamente da casa de hóspedes. Seu semblante estava sereno, pacífico e esperançoso. Vinha como um pastor, que no fim da tarde vai ao encontro da ovelha.

E pensei o que perguntaria ao sábio mestre, neste último dia, pois no dia seguinte – neste horário de nosso encontro – haveria a celebração ecumênica.

Eu queria algo que pudesse guardar como legado. Uma mensagem que na dor, como uma gota de mel, pudesse aliviar o sabor amargo, e na alegria, me avisasse a quem eu deveria a gratidão dessa dádiva.

Então, em minha cabeça, surgiu a ideia de uma entrevista. Deixei Dom Vittorio aproximar-se e, enquanto iniciávamos uma conversa descontraída, minha mente organizava as perguntas.

– Boa-tarde, Beatriz. Como foi seu dia?

– Boa-tarde! Dom Vittorio. Muito bom. Pena que a semana está acabando – disse, enquanto lhe oferecia o braço para se apoiar.

– Mas é necessário que acabe, porque a gente dá valor àquilo que deixa saudade. Despedidas são necessárias para cultivar a alegria do reencontro. E até essa experiência mística tem que ter uma parada para continuar em elevação. Você já observou como na vida tudo precisa de intervalos?

A escrita precisa do ponto, a música precisa da pausa, a fala do respiro, o corpo do repouso, é assim... A alternância cria o estímulo, mantendo vivo o ciclo da vida e, entre uma pausa e outra, vamos compondo a melodia de nossa música. Esse é um processo lento e trabalhoso, mas Deus nos espera pacientemente até aprendermos a lição.

Eu já estava pronta para a entrevista, então fui sutilmente conduzindo à conversa para outro foco, até perguntar:

– Dom Vittorio, eu posso lhe fazer umas perguntinhas bem espontâneas, que o senhor pode responder à queima-roupa? Se estiver disposto, claro¿!

– Sim. Se for para você, sem dúvida.

Sugeri que sentássemos naquele banco do jardim que já era lugar cativo de nossos encontros. Enquanto abria minha agenda, ele arrumou os óculos e – com todo o rigor de profissionais – iniciamos. Perguntas claras. Respostas curtas.

– Dom Vittorio, em sua opinião, qual a coisa mais importante na vida?

– Não confundir-se com o Criador.

– A mais desnecessária?

– A preocupação.

– Qual a mais prazerosa?

– Saber-se amado.

– A mais difícil?

– O perdão.

– A mais fácil?

– Julgar o outro.

– A mais estimulante?
– O elogio sincero.
– A mais destrutiva?
– A crítica sem afeto.
– A maior perda?
– O caráter – e dando um tapinha determinado em sua face –, a vergonha na cara.
– A maior conquista?
– O autoconhecimento.
– O maior inimigo?
– Seus pensamentos.
– E o maior amigo?
– Seus pensamentos.
– Uma grande alegria de sua vida?
– A que vivo a cada momento.
– Um conselho?
– Permaneça criança, fiel ao seu coração.

Apertei a agenda contra o peito e, olhando-o com ternura, confidenciei-lhe:

– Isso vai ficar como um testamento. Um grande recado impresso em minha alma.

Ele sorriu sem nenhuma vaidade e acrescentou:

– Se aprendêssemos a ser assim: filhos para com Deus, irmãos com toda a criação e sinceros com nós mesmos, caminharíamos livres, sem tantos tropeços. Alcançaríamos a utopia de tantos poetas e místicos, curaríamos "o invólucro

203

pensante da terra – a noosfera" de Teilhard de Chardin – e construiríamos a tão sonhada civilização do amor.

Agradeci por esta mensagem de confiança, de esperança, de estímulo ao crescimento e aproveitei para convidá-lo à celebração ecumênica, depois da qual nos despediríamos, pois pretendia deixar o mosteiro no alvorecer de domingo.

Proposta aceita.

– Vamos ao jantar, antes que escureça – disse, levantando-se.

Enquanto tomávamos uma sopa de *capeletti in brodo*, com *bruschettas* aromatizadas e uma sobremesa de peras cozidas em vinho tinto, esticamos o assunto da entrevista.

– O senhor confirmou que o amigo e inimigo moram juntos, dentro de nós, com o mesmo potencial de: "ser o maior" – disse-lhe, servindo o vinho.

– Claro, é isso que torna a vida desafiadora.

– E muito complicada, não? – acrescentei, enquanto recolhia os *capeletti*, que mergulhavam no caldo.

– A expressão popular: "Você é o que você pensa" é tão verdadeira como a parábola do porteiro em Mc 13,34. Você a conhece, não?

– Sim – consenti, num leve movimento do pescoço.

– Quem é o porteiro senão o nosso "eu"? Dono de nossa casa, confidente de nossos segredos, tecelão-mestre de nossa trama? É nosso "eu" que decide tudo. Quem entra e quem sai – como um porteiro –, e depois vigia e governa nossos "pequenos egos" que moram e se agitam lá dentro em nosso coração. São nossos pequenos egos que aprontam toda a bagunça dentro de nós, mesmo quando o eu não está de acordo. É só descuidar-se um instante e eles tomam conta.

— Imagino...

— Somos nós, com nossos pensamentos e nosso querer, que decidimos a cor e o tamanho de nosso caráter e de nosso ambiente. Nós mesmos tecemos a dor e a alegria de sermos esse resultado: Vittorio, Beatriz etc. Cada um constrói a si próprio. Nossa mente e nosso coração são nossa casa, nosso jardim. Ninguém pode guardar ou cultivar essa propriedade irrevogável.

— Parece simples, mas sabemos o preço disso tudo, não é?

— Tão simples, que raramente percebemos quando somos amigos ou inimigos de nossos melhores desejos. É... dificilmente percebemos quando roubamos de nós mesmos, nós... ladrões em nossa própria casa. É questão de vigiar ou estar dormindo. Dormimos muito, vigiamos pouco. Fazemos quase tudo sonolentos, sem muita consciência. Então, tudo em nós vira confusão e gastamos grande parte de nossa vida tentando consertar.

Saímos do jantar, serenos e reflexivos. Eu já pressentia um toque de carência ao saber que esta seria nossa última partilha.

— Boa-noite, Beatriz. Agora durma tranquila — disse, enquanto aconchegava minhas mãos sobre seu coração.

— Boa-noite, Dom Vittorio. Espero o senhor na celebração de amanhã, às dezenove horas — e num carinhoso aperto de mãos, nos despedimos.

Esta noite parei para contemplar o céu. As estrelas, apenas, começavam a bordá-lo em pontos maiores e menores, dispersas aqui e acolá como uma tela sem molde. A lua cheia ainda estava baixa – cor de abóbora –, linda como sempre, mas aos meus olhos um pouco pálida. Do ponto de vista de onde eu a enxergava, ela aparecia como um rosto tímido, expiando entre as ramagens das árvores. Desejava falar com a lua, mas ela me deixava melancólica.

A natureza choramingava querendo dormir. Era um choro de criança que ainda não mamou. Então, lembrei-me dos cansaços e fomes da humanidade, e senti dor. Ergui os olhos e sob o grande teto, estrelando, fiz minha prece:

– *Que as sementes que colhi sejam frutíferas para saciar a fome. Que eu possa levar para a realidade toda a poesia e a mística dessa jornada. Que eu possa consolar, fortalecer e lutar sem recuos. Ser um sopro de renovação para o mundo cansado que me rodeia. Acorda-me, Senhor, para que, desperta, saiba cuidar de meu jardim. Que renovando a mim eu possa incentivar a renovação que se faz necessária, a todo momento. Compreender quanto isso é urgente, porque lá fora há irmãos chorando de dor, de fome, de rejeição. Há irmãos perdidos na noite sem sentido e sem orientação. Ensina-me, Senhor, a arte da revolução gentil, compassiva, pautada por uma determinação laboriosa de fazer isso hoje, agora, sem demoras, sem justificativas, sem argumentações e sem desculpas. Amém.*

Com a alma de joelhos, conclui:

– Tudo é muito bom!

Foi o sexto dia.

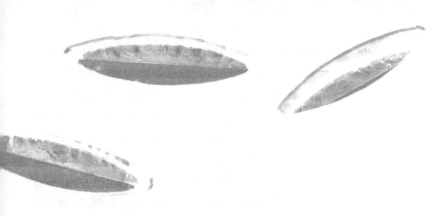

Sétimo dia

Levantei cedo esta manhã. Da janela do quarto, contemplo o amanhecer com a curiosidade de quem olha pela primeira vez o doce despertar da aurora. Surgiu fogosa, enamorada, cheia de desejos, aguardando o abraço do sol. Dançava, sorria e enfeitiçava a manhã com seu disfarce. O sol ainda dormia sem nenhuma disposição para iluminar. Liberava apenas bufadas de oxigênio e hidrogênio que, no meu entender, resultavam nas fantásticas e vívidas cores do arrebol. Assim, a manhã emergia como flor de lótus. Receptiva, rubra e cativante.

Nosso abençoado Planeta Terra respirava suavemente sua energia em forma de calor, luz, água, som e ar. Então, do alto firmamento ou da profundeza insondável do universo, o Espírito Criador soprava a consciência de vida que se manifestava numa complexa e intrigada rede de conexões tecidas com primoroso equilíbrio. Aliança nupcial; amor sacramentado inspirando os seres, pintando o mundo, aquecendo a vida e renovando a esperança.

Tomada de emoção e encanto, saúdo a divindade criadora e vejo em cada rasgo de luz ampliar-se o gesto artístico do Criador acariciando sua obra. Contemplo o universo com profunda gratidão, deixando-me envolver na vastidão deste amor escondido. Reverente, com os olhos orvalhados de emoção, curvo-me diante do milagre da vida. Gerada no coração de Deus, a cada fração de tempo, a vida é tão amada, tão sonhada, como se ainda estivesse em gestação. E neste turbilhão de movimentos, que tecem a existência de tantos e diferentes seres, nosso olho humano nem consegue distinguir em qual deles termina a noite e começa o dia. Sabe apenas que existe uma beleza e um mistério inalcançável.

Sinto-me atraída a imergir neste espetáculo que é a vida. Quero pisar o chão, acariciar a pele da fruta, absorver o perfume das flores, inebriar-me com o néctar da sabedoria. Vou para o bosque de mansinho, suave e cuidadosamente, como ave solitária, que, apesar dos tempos difíceis, das armadilhas do inimigo, acredita numa nova primavera, e, laboriosa, obstinada, prepara um ninho para as gerações vindouras. No profundo de mim a esperança cintila, e desta chama individual, no anonimato de uma colina, quero contagiar o universo com a energia do amor feito prece. Quero alimentar a história com a utopia de corações convictos de que – se cada um "faz a sua parte" – germinará uma nova sociedade, como colmeia de soluções para toda e qualquer intempérie do futuro.

Tento rastrear os passos de Deus e surpreendo-me entre a fé e a rima:

Senhor, tu cuidas de nós,
disso eu tenho certeza.

Somos mais que uma flor,
bem mais que uma estrela.
Vejo os teus braços regendo a orquestra,
teu útero prenhe nutrindo a floresta.
Sinto a tua luz beijando os seres.
Tatuando em seus corpos o dom dos prazeres.
Vestindo-os de cores,
banhando-os de brilho.
Passeando com eles
qual pai com seus filhos.
Brincando no chão sem pressa, sem medos,
com eles no espaço escondendo segredos.
Prostro-me por terra, ergo os meus braços,
respiro teu sopro, sigo teus passos.
Ouço tua voz e chego à cidade.
Encontro a criança e o homem de idade.
Olhares humanos disfarçando alegrias.
Janelas embaçadas enganando seus dias.
Histórias contadas, guardadas lá dentro.
Respeito o teu jeito e sigo em silêncio.
Percebo em seus rostos tua doce presença,
mudando de forma, de pele e consciência.
Lutava, suava, perdia o sorriso;
amava, roubava, traía o amigo.
Cantava, chorava, buscava sentido;
servia, mentia, voltava ao abrigo.
Meu Deus! Tem piedade! Rogo com insistência.
Vi tuas digitais em todos esses seres…
Então, sua voz se fez mãe e falou de clemência:
São filhos mortais querendo ser deuses.

Vou, assim, confabulando ideias e sentimentos, enquanto o sol já brilha entre as ramagens, como menino que desperta disposto a brincar. A natureza responde à sua faceirice com uma melodiosa sinfonia de sons, com o florear das cores e uma fantástica cadeia de vida pulsante.

Caminho de volta para o café da manhã. Persisto na fé e na esperança de que há um jeito de reinventar a sociedade para o melhor: onde o amor incondicional fortalece todos os encontros enriquecendo este plasma divino que nutre a vida. Onde as diferenças sejam flores que coroam as culturas, as raças, os sexos, as crenças. Onde a tolerância vigilante respeita o momento e espaço de cada sopro do Criador. Onde a fé, muito mais que doutrina, seja atributo dos corações. Onde o serviço humilde e solidário seja a honra dos líderes de caráter. Onde a esperança volte a ser menina levantando troféus para vencedores. Onde a ternura se antecipe regando de compreensão os caminhos da violência. Onde a paz sem fronteiras, idiomas ou contratos seja a canção polifônica de todas as vozes.

Chego ao jardim e vejo um grupinho de jovens, sentados na orla de uma fonte. Com seus instrumentos musicais ensaiavam uma melodia e coreografavam gestos, ao mesmo tempo em que acessavam celulares num burburinho incompreensível.

Acho prudente observar de longe. Há inquietação e um tom carismático de revolução naqueles corpos esbeltos e mentes sedentas. Fico com a interrogação do que estariam buscando aqueles jovens conectados e vigorosos. Tomo meu café na expectativa de revê-los.

O jardim é sempre novo neste pedacinho de céu. Volto a ele com a expectativa da criança que vai a Disney World. Sento ao ar livre e abro o livro que comprei na estação do trem em Roma. Um exemplar da coleção "Classici Moderni", do poeta Kahlil Gibran – *Il Profeta e Il Giardino Del Profeta*. É uma edição publicada em dois idiomas. À esquerda das páginas, a obra original, em inglês, e à direita a tradução em italiano. O marcador está nas páginas 166-167.

"To be is to be a weaver with seeing fingers, a builder mindful of light and space; to be a ploughman and feel that you are hiding a treasure with every seed you sow; to be a fisherman and a hunter with a pity for the fish and for the beast, yet a still greater pity for the and need of man.	"Esistere significa essere un tessitore com dita che vedono, um construtore attento alla luce a allo spazio; essere um seminatore consapevole di nascondere um tesoro in ogni seme che intera; esser um pescatore e um cacciatore pietosi com il pesce e la fera, e ancor piu pietosi com l'affamato e il bisognoso.
And about of all. I say this: I would have each and every one partners to the purpose of every man, for only so shall you hope to obtain you own good purpose.	E soprattuto questo vi dico: vorrei che ciascuno di voi, singularmente e tutti insieme, foste partecipi dello scopo di ogni uomo, perchè sollo cosi potrete sperare di ragiungere Il vostro buono scopo.
My comrades and my beloved, be bold and not meek; be spacious and not confined; and until my final hour and yours be indeed your greater self."	Miei beneamati compagni, siate audaci e non mansueti; siate aperti e non meschini; e fino alla mia ultima ora e alla vostra, siate la parte migliore di voi stessi."

A tradução que fiz, para mim mesma, foi:

– *Viver significa ser um tecelão com dedos que enxergam; um construtor atento à luz e ao espaço; um semeador consciente de possuir um tesouro em cada semente que esconde na terra; um pescador*

213

ou caçador misericordioso com o peixe e com a fera; e mais compassivo ainda com o pobre e o faminto.

E, sobretudo, digo-vos: desejo que cada um, individualmente e todos juntos, seja partícipe do objetivo de todo o ser humano, porque somente assim podemos esperar a realização de nosso bom propósito. Meus amados companheiros, sejam audazes e não passivos; sejam abertos e não mesquinhos; e até a última hora, a minha e a sua, sejam "o melhor de vocês mesmos".

Inspirada por esta mensagem, tento resgatar os valores fundamentais dos indivíduos e das sociedades.

É preciso, é urgente ressuscitar a alma entranhada nos seres. Quando nossos dedos enxergam a alma, nos tornamos sensíveis, compassivos, reverentes. Quando nossos olhos estão atentos à luz e ao espaço, nos tornamos construtores do bem comum. Quando temos consciência do tesouro que cada ser carrega, nos tornamos otimistas incorrigíveis e samaritanos compassivos. Então, com a alma na mão, olhos abertos e consciência desperta, o "melhor de nós mesmos" emerge como fruto que sustenta, como bandeira de paz, código de liberdade, amizade que alegra e como poder amoroso que gera e recria a vida. A vida, sopro de Deus. A vida, promessa de felicidade.

É preciso, é urgente resgatar o sagrado que está na musicalidade dos seres, no brilho dos astros, na pele humana que revestiu o Filho de Deus. Ele passou entre nós em total reverência diante da natureza e do ser humano. Deixou-se tocar, beijar e trair. Chorou com os amigos, perdoou os inimigos. Visitou mulheres, participou de festas, curou doentes e abençoou crianças. Questionou autoridades, desafiou sistemas. Comeu o peixe, o pão, bebeu o vinho e sentou à mesa de ricos, de pobres e de pecadores. Semeou a alegria e a confiança de sermos amados como filhos, centelhas de divindade, por quem o Criador permuta tudo – o que lhe é mais caro – para nos resgatar. E deixou nossa humanidade com a promessa de um futuro sem sombras e sem dores. Ele foi "o melhor" que o ser humano pode ser. Ninguém o superou em humanidade. Ele é o Mestre na arte de ser "gente" dentro do projeto divino.

Olho atentamente ao meu redor e percebo que o sol já inspecionou tudo. O céu está impecavelmente azul. A natureza calma, em completa simbiose com a energia do universo, concede autonomia a todos os seres.

De repente, o toque do celular interrompe minha reflexão. Identifico o número.

– Olá, como vai, Cristiane?

– Muito bem, Beatriz.

– Já está de volta, em Roma?

– Sim. Cheguei ontem à tardinha. Gostaria de convidá-la para um cafezinho amanhã à tarde.

– Sei. Vamos sim. Acredito que devo chegar a Roma ainda pela manhã. Podemos combinar o horário e lugar de encontro?

– Você conhece a *Piazza Navona*?

– Com certeza. É onde está a Embaixada Brasileira.

– Isso mesmo. A gente podia se encontrar na *Fontana de Bernini*. Depois tomar alguma coisa, se você quiser... há um espaço calmo e seguro próximo da praça: o *Caffè della Pace*.

– Claro. Sei onde fica. Posso sugerir o horário? Às dezessete horas?

– Ótimo. Encontramo-nos lá. Bom retorno.

– Obrigada, Cristiane. Até amanhã.
– Tchau!Tchau! Até amanhã.
É hora da meditação em grupo! Estou atrasada...

CHEGO À SALA e encontro todos em silêncio ao som de uma música meditativa. Marcello está confortavelmente sentado, absorto. Um ser iluminado que desperta em mim o desejo de simplesmente "Ser". Só. Pura e simplesmente "Ser". Sento-me nos últimos lugares, imperceptivelmente. Fecho os olhos e deixo-me embeber pelo silêncio melodioso e calmo do ambiente. Respiro fundo e sinto o sangue fluir nas palmas de minhas mãos com uma energia nova. Envolve-me um sentimento de bem-estar e a sensação de uma felicidade imperecível. Sensação que emerge do mistério da vida e tem o rosto de uma criança amada. Sua voz se torna um imperativo ao qual não ouso desobedecer:

– *Estou em tuas mãos. Minha vida depende de tuas decisões. Não me busques fora daqui. Para ti estou sempre aqui, no sucesso e no fracasso, na dor e na alegria, porque qualquer momento é capaz de inspirar uma música quando os dedos enxergam a alma... Eu vivo no âmago das coisas. Sou volátil e persistente. Sou frágil e caprichosa. Diáfana e indecifrável. Não queira me fechar as portas porque estarei incansavelmente mendigando o teu ser. Fui concebida com o teu eu. Sou tua alma, centelha divina, enviada contigo à Terra para que cumpras plenamente a tua jornada. Depois serei eu a alojar teu eu. Não temas, criança.*

A música cessa e Marcello convida cada um a entoar suavemente, na mente e no coração, o seu mantra. Alguns minutos desta sinergia e ele nos abre caminhos de esperança, ou melhor, faz um apelo contundente para uma ação coletiva de resgate.

– Vivemos num momento histórico em que o "presente" parece ser o único "tempo" a ter sentido. O único a ser perpétuo. O passado perdeu o encanto e o futuro nos assusta. Então o que resta é o momento presente. De fato, o presente é o único tempo em que podemos agir. Mas a vida humana só pode ser pensada numa dimensão de espaço e tempo em que observamos o passado e sonhamos com o futuro. Não dá para pensar o futuro da humanidade sem alicerces e, muito menos, resolver nossos problemas sem referências do passado.

Dá uma limpadela na garganta e volta a falar.

– Gostaria que escavássemos de dentro de nós uma força interior, uma luz, uma convicção de que não somos seres jogados ao acaso. Viemos de um passado histórico onde é impossível não reconhecer a mão invisível, mas concreta, de uma sabedoria amorosa. E a revelação desse Amor na pessoa humana de Jesus nos capacita a encarar o futuro com esperança e coragem.

Estou escrevendo e quase não dou conta de registrar o essencial, porque Marcello está muito rápido e contundente em sua fala. Está parecendo uma sentinela preparando-nos para um grito de alerta.

– Esta é a hora de alimentar a chama para que o fogo deste Amor renove a face da terra. É hora de hidratar a seiva para que o espírito se refaça e tenha força para prosseguir. Nosso planeta pede cuidados, a vida está ameaçada, nossa esperança minguando e nosso olhar desorientado. Onde sintonizar senão na "Boa-Nova" de Jesus para que sua força humana penetre o tecido social, penetre o coração de nossos problemas, crises, medos e sonhos.

Um silêncio responsável blindava nossos corações. Sem piscar, Marcello continua:

– A Palavra e a ação de Jesus, sua proposta e seu projeto não envelheceram através dos séculos. Envelheceram as instituições, e isso é relativo. Envelheceram ideologias e doutrinas, mas também isso é relativo. Envelheceram tradições e costumes, mas tudo é relativo. O modo de ser de Jesus é sempre novo e vigoroso em todos os tempos e para todas as culturas. Sim, ele rasga nossa pele e entra em nossa história. Pisa nosso chão e tece um diálogo que é revelação de amor e compaixão.

Ouvíamos todos atentamente como um batalhão pronto a atuar.

– Ele nos ensina a viver a fé, não por obrigação, mas por atração. Sua pessoa e seu viver nos contagia. Tudo o que ele viveu, fez e ensinou é sempre novo e insuperável porque tocou a raiz, o coração da existência humana. Ele pagou com o preço de sua vida a lição do amor, da caridade, da ternura, da justiça, da coerência, do perdão, da confiança e da esperança.

Nessa hora eu consultei meu coração:

– *Qual a densidade de tua fé, Beatriz?*

Marcello continuou de forma imperativa:

– Quando esses valores envelhecerem, o mundo, a sociedade vão se degradar. Não há outros valores que sustentem a teia relacional da vida, que gratifiquem o convívio social e satisfaçam o coração humano. As entidades, a economia, o mercado, até as fantasias folclóricas da tradição, são plausíveis, mas, se os fios do tecido social não forem embebidos desses valores humano-cristãos, apodrecerão por não resistir às intempéries do tempo.

Apoiou um cotovelo na mesa, colocou o queixo sobre o punho e refletiu:

– Não falo de religião, falo de fé, confiança, amor que olha para o outro e vê nele a imagem de si mesmo. Esta é a única verdade capaz de dar uma forma digna à liberdade humana. É hora de nos perguntarmos: Onde está nossa alma individual e coletiva? O que somos e o que queremos ser? Se não resgatarmos esses valores essenciais, de mãos dadas, como cidadãos, será difícil conviver no mesmo planeta.

Agora Marcello está apoiado sobre os dois punhos, dedos cruzados, como um professor que pede atenção ao que vai dizer.

– Tudo isso supõe o olhar e a consciência voltados na direção de um projeto comum. A partir desse olhar e dessa consciência, nasce a alma da sociedade. Trabalhemos junto nesta direção se quisermos dias melhores. Mesmo que essa utopia esteja longe de nosso horizonte, acreditemos que ela seja possível.

Um senhor de sotaque toscano o interpelou:

– Há momentos em que eu perco a fé, sabe? Que diferença faz meu esforço? Parece que o mal se orquestrou! Ah! – meneou a cabeça. – A humanidade está perdida.

No grupo houve olhares de aquiescência. Marcello estreitou os olhos.

– Talvez esta seja a hora de um novo martírio, o martírio da esperança. Porque hoje, no mundo secularizado, permanecer fiel parece um absurdo. Parece um absurdo perdoar, ser gratuito, ter fé, ser praticante dentro de uma crença, num coletivo. Tudo parece absurdo ou ultrapassado. É preciso saber viver com a própria consciência, com a bússola voltada para a direção certa, sem perder a sensibilidade de que estamos todos no mesmo barco e o que diz respeito a um diz respeito a todos. Vivemos numa "aldeia global", já foi dito por alguém.

Depois, balançando a cabeça:

– Não se trata de revestir a "Boa-Nova" de Jesus, isto é, dar-lhe nova roupagem. Não, não. Olhemos para o Evangelho nu, como nos foi narrado pelos "mártires da esperança", mártires da primeira hora; eles viveram momentos difíceis a ponto de entregar a própria vida em defesa do Evangelho de Cristo. Apertemos bem firme a mão deste Homem-Deus e caminhemos sem medo, iluminando o mundo com a sua luz.

Depois disso, Marcello fechou os olhos, inclinou a cabeça, permaneceu em silêncio e, após alguns minutos, se retirou, deixando cada um com esse apelo serpenteando dentro de si.

Os olhares do grupo cruzaram-se timidamente. As pálpebras de todos caíram como cortinas pedindo recolhimento. Dava para sentir, na pele, a vontade do grupo de apropriar-se do que acontece por dentro, deixando para depois o que acontece lá fora.

Eu também baixei todas as defesas, afastei os medos, apaziguei as dores, fechei as aberturas de todas as percepções sensoriais e mergulhei em mim.

– *Trabalhe a pérola* – insistia a voz. – *Trabalhe a pérola porque o tempo é curto, volátil e implacável...*

Nesse dia não senti fome, nem expectativas do que estaria na mesa. Simplesmente almocei, permanecendo no sopro e na vigilância, quase sem levantar os olhos, enquanto digeria as palavras de Marcello.

À TARDE, DESLIGO o celular e abandono a internet. Vou a um espaço que descobri ontem em minha caminhada. Uma capelinha, espécie de gruta tosca, nos fundos do jardim das hortaliças, entre o bosque e o mosteiro. Quatro paredes de pedra bruta, um único banco de tronco envelhecido – milenar – e uma janela, que é apenas um buraco no alto, por onde entra luz e ar. Imagino tratar-se de um velho abrigo de peregrinos na Idade Média.

Tento me concentrar. Quero fazer a experiência de estar só e longe de qualquer atrativo, encontrar a essência de meu ser. Permaneço em silêncio, relaxada, mas tudo o que consigo é mastigar e ruminar o apelo inquietante de Marcello. Acabo concluindo que este não é meu espaço preferido e saio em busca de mim mesma.

Os pássaros no topo das árvores me convidam à alegria de viver, como crianças em um parque de diversão. Pulam de galho em galho, pousam e voltam a brincar entre voos e cantos. Nos galhos, quase despidos, de uma frondosa árvore contemplo um bando de avezinhas pequenas. Rodopiam, trocam de lugar, numa algazarra quase ensurdecedora. Uma imagem singela, rotineira. Permaneço mais de uma hora contemplando, aprendendo, amando e vibrando com esses pequeninos, que desenham para mim uma parábola invisível.

Depois, aos poucos, na tela de minha mente, outra imagem foi se misturando à dos pássaros. No lugar dos galhos surgem fios e nós de muitos fios elétricos, pequenos olhos eletrônicos no lugar das folhas, e um tear de fibras óticas nutrindo uma comunicação de cliques intermitentes e desarmônicos. Cliques curiosos, indagadores, nervosos, sedutores. Este outro universo gravita em torno de uma produção ou representação social, sem a qual parece que o ser humano não tem mais identidade.

Enredado, engaiolado, amedrontado, este mundo dos homens (também pequenos e comuns), troca e ressignifica suas buscas; porém, mais intrincado na teia como aranha do que livre e lúdico como os pássaros. E minha mente, contendo as duas imagens, perde-se entre a imaginação e a realidade.

Então, entra a voz do coração:

– *Você é os dois, Beatriz: pássaro e aranha. Cumpra a missão sem desperdício, porque importa construir o bem, seja brincando ou batalhando.*

Caminho em passo meditativo...

Quando o sol declina com ares de despedida, tudo se acalma outra vez, e vejo-me andando pelo jardim, com a esperança brotando em meu coração nos matizes do amor. Então escrevo para mim mesma o seguinte:

Vamos, Beatriz, dá asas à tua esperança, coração à tua obra, fé à tua prece, alma às tuas palavras. Grita que o planeta pede socorro, a vida está ameaçada, a humanidade está doente e, o que é pior, habituando-se às suas doenças.

Anuncia que as crianças querem se lambuzar na alegria de viver; os jovens apostam no amor sonhando a doce felicidade; os pais querem seus filhos seguros, permitindo-lhes ir e vir, como passarinhos que regressam ao ninho. Anuncia que as vidas que se completaram – ah, sim –, essas têm o direito de se despedir com afeto e dignidade. Anuncia que o fim dessa jornada é tão precioso e significativo quanto o começo.

Diz para ti, para o outro, para quem quiser ouvir que é hora de acordar. É hora de cantar junto, como pássaros em ciranda, no regresso para uma nova estação.

É hora de soltar a pomba da paz para assegurar-se de que a arca está sobre a terra, e cuidar da Terra como se cada folha fosse promessa de vida; cada flor, certeza do amor e cada fruto, semente de futuro; porque não há bem que não se possa esperar da vida.

Fala do que é feita a vida. Ela está nas linhas da mão, no brilho dos olhos, no vaivém da respiração, na dança do corpo. Está no sopro do vento, na energia do sol, na ebulição da água, no calor do fogo, na transmutação do solo. Está nas conexões da mente, nas relações dos seres, na permuta gratuita, no serviço mútuo, na liberdade responsável, na esperança produtiva e na confiança inabalável.

A vida não é apenas fruto da terra, porque os feitos da terra e os desígnios do céu se espelham. Cada inovação na terra ressoa no céu e cada decisão do céu marca a terra. Se entrar na terra é fluir no movimento de vida, entrar no céu será a preciosa promessa de fluir na leveza do espírito.

Antes de fechar a agenda, registro:

O bem não deve ser procurado, e sim construído.

ENQUANTO A LUZ do sol se afasta, vejo surgir uma nova luz clareando o pátio e uma pequena fogueira nos espera para o rito celebrativo. Há um silêncio prazeroso e carregado de expectativa. As pessoas vão chegando e, em poucos minutos, estamos todos reunidos e ajeitados ao redor do fogo. Crentes, menos crentes, pouco crentes e até não crentes. Agora não é a individualidade, mas o coletivo, a comunidade que define. Define o sentido do símbolo, do gesto, da palavra e do rito que consagrará este momento. Embora cada coração seja um "eu único", um laço de irmandade constrói ali um só corpo, um só ser, uma única aspiração, diferentes notas de uma partitura musical.

Somos um grupo de, no máximo, 40 pessoas. E pela primeira vez, juntos, formamos espontaneamente um círculo, imagem de um grande abraço terapêutico no qual o bem-estar flui como energia renovadora.

Num olhar rápido vejo o grupo de jovens conectados, Dom Vittorio, alguns franciscanos, homens e mulheres, jovens e adultos, todos em volta do fogo, todos iguais, todos somos um.

Exatamente às dezenove horas, uma voz feminina convidou a assembleia a caminhar em círculo ao redor da pequena fogueira. Ao som de uma música, executada pelos jovens conectados, o grupo movia-se vagarosa e suavemente como onda calma do mar. Poucos minutos depois, fomos convidados a partilhar o sinal da paz num cordial aperto de mão. Então as mãos, parecendo pontos de uma teia, criaram a sinergia do respeito, da reverência e da solidariedade. Éramos todos, igualmente, filhos da terra, do fogo, do ar e abençoados filhos do Altíssimo.

Depois houve agradecimentos a Deus pela Criação toda, contemplando os urgentes apelos de cuidado com o meio ambiente, e súplica pelo aprendizado em partilhar com justiça os frutos da terra.

Houve reflexões, testemunhos de fé, preces de diferentes confissões religiosas e em várias línguas. No meu entender, não foi propriamente uma celebração, eu diria que foi um momento de fé irmanada, de consciência coletiva e responsável pelo bem comum e muito louvor e gratidão ao Criador, independentemente do nome que cada um lhe atribuía.

Finalmente uma voz masculina – ungida e em tom sacerdotal – solicitou a Dom Vittorio que abençoasse o fogo. Um jovem com vestes brancas aproximou-se com um ramo de oliveira e água. Ao som de um mantra suave, Dom Vittorio aspergiu o fogo e depois nos abençoou também, com a missão de levar esse fogo aos quatro cantos da Terra. E a chama passou de coração em coração como um sinal do céu, selando o compromisso de mantê-la acesa e passá-la de geração a geração. Chama eterna, dádiva divina trazida por Deus em nosso meio e entregue ao nosso coração.

Acabávamos de cantar um hino de ação de graças, quando uma jovem saiu do meio do grupo em passo atlético e erguendo uma tocha acesa, olhou em direção ao Norte, exclamando em alta voz:

– Voltemos nossos corpos e nosso olhar para essa direção onde vivem em grande parte as nações mais poderosas do mundo e rezemos juntos – nossas vozes se juntaram à dela, seguindo-a.

– Senhor do universo, deste-nos a responsabilidade de guiar a história humana. Ilumina os povos que habitam o lado norte do planeta para que apressem o dia da paz, da justiça e da solidariedade.

Então um jovem correu em direção ao Sul e rezou:

– Estendamos nossa mão em direção ao Sul, onde vivem muitas nações pobres e rezemos:

– Senhor, olha para os povos desta parte do mundo que lutam por justiça, liberdade e autonomia. Ajuda-nos a criar um mundo onde prevaleça a dignidade humana.

Sucessivamente, uma jovem morena avançou rápido em direção ao Leste, o Oriente, onde nasce o sol:

– Deus da luz, sol de nossas vidas, abençoa os diferentes caminhos da mística e que se cumpra para todos a paz que prometeste.

Por último, um jovem dirigiu-se ao lado Oeste, onde o sol se põe, e nos convidou a fechar nossa jornada num gesto simbólico de comunhão:

– Entrelacemos nossos braços em sinal de solidariedade e peçamos a bênção de Deus sobre nosso planeta e nossa humanidade.

Então, Dom Vittorio pediu que nos inclinássemos e, erguendo a mão direita, pronunciou:

– Em nome do Pai – todas as cabeças se inclinaram em reverência amorosa –, em nome do Filho – nos curvamos irmanados aos pés do Redentor –, em nome do Espírito Santo...

O segredo de cada coração murmurou docilmente:

– Assim seja!

Eu chorei de júbilo. Um choro banhado de luz, fazendo emergir o melhor de mim, que se moldava docilmente ao Projeto do Pai como o filho de Abraão pronto para o sacrifício.

O grupo foi dispersando-se num silêncio abençoado, e eu vi Dom Vittorio caminhando em direção ao seu chalé. Apressei o passo para alcançá-lo.

– Boa-noite, Dom Vittorio.

– Oh! Boa-noite, Beatriz. Volta a Roma amanhã mesmo?

– Sim, pretendo sair cedo, assim que o dia clarear. Por isso vim lhe dizer quanto sou grata pela partilha – disse eu, engolindo lágrimas de gratidão misturadas com uma sensação de saudade pela semana que acabava.

Então a alma bondosa e delicada de Dom Vittorio retribui com esse carinho:

– Você nasceu para amar, Beatriz; lembre-se sempre disso. Você nasceu para amar – repetiu, quase ordenando e com a emoção em seu olhar.

Eu sentia-me absurdamente feliz e ao mesmo tempo com aquela sensação um pouco apocalíptica de final de festa. Despedimo-nos na certeza de termos crescido muito e de que a bênção de Deus estava e estaria sobre nós. No meu peito, levava a convicção de que aprender a amar seria para mim uma vocação, assim como o pássaro aprende a cantar, a água a escorrer, a pedra a agregar, a luz a brilhar: sentia-me revestida de um compromisso muito forte!

Ligo o celular; estou indo de volta ao mosteiro e encontro com um casal jovem, bonito e culto – Carlo e Silvana –, naturais de Vicenza, que acabam de participar de uma experiência aiurvédica.

Trocamos algumas informações, enquanto caminhávamos para o mosteiro.

– Se quiser uma carona até Vicenza – disse Silvana –, nós também estamos voltando amanhã.

– Ah, por que não? Convite aceito.

– Pensamos partir lá pelas sete horas. Que tal? – perguntou Carlo.

– Para mim, perfeito.

Silvana sorriu, reclinando-se no ombro do marido.

– Nos encontramos aqui na recepção – disse Carlo carinhosamente, passando seu braço em torno da cintura dela.

– Tá bem. Obrigada!

O toque de meu celular nos interrompe. Aceno ao casal, confirmando nosso encontro, enquanto acesso o telefone.

É do Brasil. Nascera minha sobrinha. Bem-vinda, Ângela!

Já no quarto, imagino a pequenina em meus braços e escrevo:

Esta mensagem é para você e todas as crianças que acabam de nascer. Talvez você nunca leia esta mensagem, mas ela está em minhas mãos, e eu a transcrevo em forma de semente. Se a vovó não levar mais você ao jardim para colher morangos ou violetas, se o vovô não lhe contar a história dos pinhões, que escondeu na terra para que seus netos – você! – colhessem o fruto, não deixe de sentar ao lado da árvore e escutar sua história. Desvende os segredos da pedra que, por sua vez, guarda os segredos de tantos outros. Siga o destino da água, deixe-se acariciar por ela e procure entender a fadiga da formiga, o voo da borboleta, o piscar do vaga-lume, porque, neste paraíso de potencialidades, todos os seres têm uma vocação em favor de outros. E o fazem sem preço e sem reivindicação, na pureza de um abraço.

Observe como a árvore abraça a teia e o ninho; a grama abraça a flor, a flor abraça a borboleta e a abelha; a pedra abraça o caramujo, a aranha e a formiga; a onda abraça a concha; o vento abraça a folha; a nuvem abraça a molécula; a terra acolhe a chuva. A luz abraça tudo o que se expõe, o vento abraça tudo o que se entrega, a terra abraça tudo o que cai, e se faz o recomeço. Você e eu podemos abraçar tudo, porque, afinal, somos feitos de aprendizados, de exemplos e de histórias e – à semelhança do Criador – é isso que nos encoraja a viver.

Sei que você crescerá ligada às novas telinhas, mas nunca esqueça o grande telão que, dia e noite, mostra gratuitamente as obras do grande amor. Não deixe, por favor, não deixe a vida passar sem essa experiência de mergulho no infinito. Saboreie o que disse o grande poeta: "É doce naufragar nesse mar". Sem dúvida é uma das mais doces experiências humanas, na qual o Criador nos possibilita alcançá-lo no ato de amor com sua criatura. O infinito nos leva até as estrelas e nos extasia; enche-nos de felicidade, desperta o que há de melhor em nós e nos estica à altura do divino.

Deitei confiante como um semeador no término de sua jornada. Então, não sei se um anjo, ou Deus em forma de consciência, sussurrou ao meu ouvido:

– Descanse agradecida... prossiga... Você está fazendo caminho.

Foi o sétimo dia.

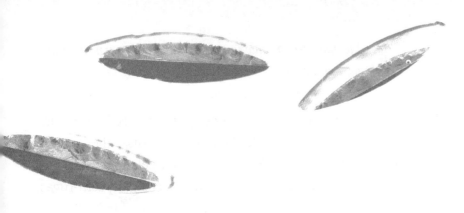

Despedidas

Pretendia levantar cedo esta manhã para ver o céu vestir-se com as cores da aurora, como ontem. Queria vê-lo guardar a lua e as estrelas para a festa da noite e pendurar em seu peito o sol como único diamante. Límpido e majestoso, abrigar sob sua proteção nosso planeta Terra.

Mas, ao acordar, parecia que o céu estava grudado em minha pele, inflando e desinflando ao ritmo de minha respiração. O céu que estava em mim era tão vasto e tão azul quanto o outro. Apenas o meu se despia para ancorar algumas pérolas que havia garimpado nesses dias de mergulho. Desejava cravejá-las em meu céu e levá-las comigo ao longo de minha jornada. Então, ele se abriu, límpido e pronto.

Com o cuidado de quem quer preservar seu tesouro, coloquei – uma por uma – essas pequenas preciosidades sobre o azul de meu céu, como num rico mostruário de joias. Comecei nesta ordem:

- O tempo desliza como um rio e evapora como uma nuvem.
Sua alma é o presente, tão volátil como a água
e tão promissor quanto o sol.

Dei a esta pedra o nome de *ágata azul*. Pedra do bem-estar, da paz e felicidade. Lembra-me – disse-lhe – que o que importa é o *agora*. Ajude-me a zelar pelo momento presente como se fosse o único. Sem subterfúgios, sem fugas, sem justificativas.

- *Choramos ao deixar o escuro do útero e vir à luz do mundo.*
Choramos ao deixar a luz do mundo
e voltar ao escuro do mistério.
Qual é nosso medo¿ O que é que nos amedronta¿
O escuro ou a luz¿
O escuro nada nos oferece e nada nos pede.
A luz nos responsabiliza e nos compromete.
Tecemos nossa fé no escuro, mas é à luz que damos
nossa resposta e fazemos nossa entrega.
Eis o mistério que somos: filhos da luz e filhos do escuro.

Conhecida como a pedra dos viajantes, *esmeralda* vai ser o nome desta segunda pedra, para me ajudar a ser amiga de minhas sombras e herdeira da luz que me abrilhanta. Luz que não se toca – nem se mede, nem se extingue –, mas tem que ser alimentada.

- *Todos têm a possibilidade de ver Deus criando o mundo.*
Precisamos, apenas, curar nossa visão materialista.

Opala. Sim, chamarei de opala esta outra pedra, porque, desde os antigos gregos e romanos, ela foi associada à criação. Quero deleitar-me com este prazer. Prazer e milagre de ver Deus criando o mundo, agora, hoje, debaixo de meus olhos.

- *Se construíres um céu dentro de ti, teu dia terá luz para doar e tua noite, estrelas para sonhar.*
Deixa a luz do dia extrapolar, mas as estrelas de teus sonhos, cuida para ninguém roubar.

Ametista. Sem dúvida, vai se chamar ametista. Preciso urgente de proteção contra ladrões de sonhos.

- *Faz das adversidades, iscas.*
Coloca-as no anzol e lance-as no fundo de ti mesmo. Aguarde com a vigilância do pescador.
Ao puxar o anzol, pode ser que te surpreendas com alguma pérola.

Cristal rutilado é um bom nome para lembrar-me de que é preciso raciocínio lógico e objetividade em alcançar nossas metas.

- *Em tua jornada nesta terra sê como a águia, não te demores em ciscar o chão.*
Treine o voo. Teima em subir mais, sempre mais alto, porque o infinito é tua vocação.

Rubi. Vou colocar-te no centro de todas as outras pedras para que ilumines minha vida, trazendo sempre à tona a consciência da espiritualidade e da energia divina que alimenta nosso espírito.

- *Caminhamos, não empurrados pelas adversidades, mas atraídos pelas alegrias cuja superação nos outorga.*

Lápis-lazúli: confiança e segurança nas tomadas de decisões para obter inteligência e autocontrole nas escolhas importantes. E atração positiva às alegrias.

SÃO APENAS SETE pedrinhas, mas vou carregá-las como pérolas. Eu as garimpei nesta jornada e, para mim, estão cheias de significado. Vou deixar meu mostruário aberto, com espaço para novas pérolas. Irá junto a mim. Vou carregá-lo com a discrição e o cuidado de quem carrega uma espécie rara. É meu segredo, minha âncora, minha bússola.

– Só o mostrei a você, porque imaginei que se interessasse por pérolas.

Fechei a mala e desci para o encontro com Carlo e Silvana. Restava um tempinho. Fui despedir-me da natureza, minha musa inspiradora neste mergulho. "Aliás, não vai ser uma despedida, porque sonho voltar mais vezes", pensei, sempre determinada. Apenas um gesto de parceria, uma declaração de aliança.

Além do que, voltar ao cotidiano cimentado, técnico, de jogo duro e conexões complicadas depois deste aprendizado exige de mim nova coragem. "Vou dar mais essa oxigenada", disse, por conta do tempo que ainda me cabia.

Na entrada do bosque vi o sol entrar suavemente pelas brechas e sussurrar ao pé do ouvido, de cada criatura, como mãe zelosa vai ao quarto do filho: "Levanta, meu anjo". Uma carícia. Um beijinho e lhe sopra a energia para um novo despertar. Novamente a natureza me ensina a deixar as coisas fluírem no seu ritmo natural, na sabedoria deste relacionamento puro e intuitivo.

Os pássaros cirandam. Uma formiga operária – guerreira e solitária – atravessa o tronco, borboletas miúdas farfalham baixo e um e outro filhote de invertebrados despontam em pequenos esconderijos. O dia está banhado de luz, ensopado de vida como um namoro sem fim.

Olhei longe para as silhuetas das colinas do Monte Ibérico e dei novo sentido à eternidade. Olhei vagarosamente a flor no seu apogeu de beleza e dei novo sentido à fugacidade. Contemplei a luz generosa esperando apenas ser acolhida e dei novo sentido ao dom da gratuidade.

Nesta escola há um só mandamento:

– Ver melhor, ouvir melhor, sentir melhor. Quero levar esta lição junto com o azul do céu, o doce das colinas, o fascínio do jardim e os segredos do bosque.

Gravo este sentimento em meu céu enquanto volto para o mosteiro. Sonho pequeno, simples, desenredado; ou talvez apenas um pedaço de sonho, mas tão imperativo quanto o verbo dever.

Carlo e Silvana estavam à minha espera, mas eu não podia sair sem despedir-me de Irmã Felícia. Solicitei uns minutinhos de tolerância e foi-me concedido.

Encontrei Irmã Felícia na capela do andar térreo. Aproximei-me e disse em tom baixo:

– Irmã Felícia, desculpe, eu vim me despedir.

Ela sorriu docemente.

– *Ma che peccato. Deve proprio andare?*

– Sim, preciso mesmo ir. O dever me espera.

Virou mais para mim, pousou sua mão na minha e perguntou amigavelmente:

– Você gosta de meditar, Beatriz?

– Sim, medito, não tanto quanto gostaria, mas estou neste aprendizado – respondi sorrindo.

– Então, encontre sempre tempo para meditar, para estar com você mesma, porque dentro de você cabe tudo: Deus, a natureza, a humanidade – disse isso com um olhar meigo e ao mesmo tempo enérgico, que cimentou em mim o desejo de mergulhar sempre mais profundo.

A gratidão aqueceu mais ainda meu coração e eu não podia deixar de sorrir, e entre abraços e risos repeti a mesma palavrinha mágica:

– *Grazie mille, grazie mille...*

– *Ritorna sempre, ci aspettiamo, é...*

Saí da capela sem saber se voltaria a este lugar, mas convicta de que eu não seria mais a mesma pessoa. E fui até Silvana e Carlo influenciada pela paz desta bênção.

Partimos.

Nossa conversa engrenou calmamente. Pedaços de diálogo cruzaram-se entre a perplexidade que os tempos modernos suscitam e a autenticidade com que cada um é livre de expressar sua fé hoje. O diálogo, mesmo, só tomou foco quando perguntei:

– Vocês dois são naturais de Vicenza?

– Sim. Na verdade, Carlo nasceu em Verona e eu sou de Vicenza – respondeu Silvana. E colocando a mão sobre o joelho de Carlo, que dirigia atento seu Uno Mille, cor prata, continuou –, mas você veio ainda criança, não é, meu amor?

– Éééé..., tanto faz – sacudiu os ombros –... *Tutti buona gente! Tutti buona gente!* – virou-se um pouco para o banco de trás e riu descontraído.

– Si. *Tutti buona gente!* – repeti, retribuindo o sorriso. E esta foi a chave para um papo que me enriqueceu culturalmente.

Carlo é engenheiro-arquiteto e Silvana, nutricionista terapêutica.

– Verona é fantástica – disse eu, voltando às origens de Carlo. – A cidade que inspirou Shakespeare na saga de Romeu e Julieta. Uma cidade romântica...

Carlo interrompeu:

– Romântica e aristocrática. A história da aristocracia veronense é tão inspiradora quanto a tragédia de Romeu e Julieta.

– Bem, talvez vocês nem acreditem, mas não foi a casa de Romeu e Julieta que mais me causou impacto, quando visitei Verona. Sabe o que mais me encantou de sua cidade natal? – perguntei, esperando ansiosa a reação. – Foi Castelvecchio. Aquela paisagem da ponte que liga o Castelo às muralhas... o "todo" daquele pedaço... Ah! Para mim foi o cartão-postal de Verona – confessei. – É esse pedacinho esplêndido, misterioso... que levo, para sempre, arquivado em minhas retinas.

– Quantos dias você ficou em Verona? – perguntou Silvana.

– Infelizmente, apenas um dia.

– Ahh, então precisa voltar. Você viu a Arena, antigo Anfiteatro Romano?

– Vi apenas por fora. Caminhamos, cercando-a, pela metade. Inesquecível...

– Conheceu a Piazza delle Erbe? – acrescentou Silvana com uma pitada de orgulho. – Nela se encontram especiarias de ervas e as máscaras venezianas.

– Ah! Rapidamente. Irresistível. Acho que turista algum sai de lá sem algumas dessas fantasias. Pura arte!

– Toda essa região do Vêneto é – Carlo soltou o volante e abriu os braços – um mar de arte, história e cultura – deu um pequeno salto no banco, como quem se solta para o que der e vier – e... *va bene, la vita è bella!* – finalizou cantarolando.

– Ah, ah, foi por aqui que rodou o filme: *La vita è bella?* – perguntei jocosamente.

– No, no... *La vita è bella è stato girato in Toscana... Arezzo, Cortona...* Aqui é Vêneto – explicou Carlo.

Silvana interrompeu.

– Não sei se você sabe, a região do Vêneto compreende Verona, Vicenza, Rovigo, Pádua, Veneza...

– Grande parte da migração que foi para o Brasil, pelo menos a que foi para o sul do Brasil, é proveniente desta região, pelo que sei – disse eu.

– Sim, e do entorno desta região: Trento, Treviso, Belluno... – acrescentou Carlo.

– Veneza! Conhece? – perguntou Silvana.

– Ah! Veneza estava no roteiro desde que vim à Itália. Fui a Veneza com um grande amigo. Porque Veneza tem que ser visitada de mãos dadas. Cruzar Veneza de gôndola... *Che bello!* ... Está tudo aqui guardado em mim – disse, batendo de leve sobre meu coração, quase chorando de saudade.

– Vicenza pode não ser meta turística, hoje, mas já foi... – apressou-se Carlo a confirmar. – Vicenza é arquitetura!

E, a partir de então, o casal me situou no contexto histórico de Vicenza com particularidades que nenhum cicerone faria ao vivo. Um passeio imaginário onde Carlo me mostrou uma Vicenza cheia de vilas, palácios, teatros, igrejas, praças e mercados. Silvana completava sempre com alguma curiosidade histórica:

– Sabe que o famoso escritor francês Michele Montaigne, em 1580, veio buscar a cura para sua doença de fígado aqui em Vicenza?

Agora, eu quase só escutava, pois nada sabia de Vicenza.

Carlo, um afeiçoado de arquitetura e urbanismo, continuou com um breve perfil de quem foi Andre Palladio e o que sua arte significou para o mundo. França, Alemanha, Inglaterra e a própria América foram influencidas pela arte palladiniana, cujo berço é Vicenza.

– A Casa Branca em Washington foi inspirada pelo palladianismo – afirmou Silvana –, e não só. Imagine... Goethe, o famoso pensador e escritor alemão do século XVIII, visitou Vicenza para admirar as obras de Palladio e escrever sobre elas.

Estávamos próximos à cidade e eu já conhecia boa parte do patrimônio cultural de Vicenza, bem como algumas de suas sem-vergonhices do passado. Foi quando Carlo interrompeu:

– Vamos fazer um rápido *tour*, ao vivo, numa das mais célebres obras de arquitetura da época moderna – prosseguiu criando suspense.

Deixou a rodovia, entrou por um caminho em meio à exuberante vegetação e, sob um céu de azul intenso, cantarolava criando expectativa. Até que – pontuou com o olhar:

239

– *Ecco! La Rotonda.*

Meu olhar, totalmente leigo em arquitetura, contemplava uma construção despojada, diria eu, mas, sem dúvida, harmonicamente arquitetada. Uma residência de campo, encomendada ao arquiteto Andrea Palladio pelo Cônego e Conde Paolo Americo, residência que se tornou inspiração para um novo estilo: a arquitetura renascentista.

Carlo descreveu *La Rotonda* com a paixão de um arquiteto com raízes neste berço histórico. Confesso que, depois dessa visita, poderia dar uma aula sobre *La Rotonda*.

Voltamos a Vicenza e Carlo continuava sua descrição:

– Essa é a primeira de uma centena de vilas e palácios nobres que embelezam nossa *Cara Vicenza*. Não é uma Firenze na arte pictórica, mas é outra Venezia pela qualidade arquitetônica – e com ar sorrateiro, acrescentou: – Bom mesmo, seria você conhecer a *Senhorita Vicenza Midnight*. A versão noturna da grande senhora três vezes oitocentona – disse com seu humor inteligente. – À noite, ela se exibe travestida de luzes, glamour, sedução, e você nem sequer pode imaginar as memórias, os símbolos, as trocas e os desejos que ela esconde em seus 2500 anos de história.

– Deveríamos mostrar-lhe a Basílica na *Piazza dei Signori*, o *Teatro Olimpico*, *Palazzo Chericathi* e um pouco do que Vicenza tem hoje – disse Silvana, entusiasmando Carlo.

Eu queria chegar a Roma ainda pela manhã, então me apressei em me desculpar:

– Vocês estão sendo muito gentis. Gostaria de lhes oferecer um café. Um bom cappuccino italiano, onde se encontra aqui?

– Vamos naquela padaria do Centro Histórico – sugeriu Silvana, acatando o consentimento de Carlo.

– *Pasticceria Bolzani*?

– Hummm... Pode ser.

Sentamos num terraço romântico, o que não é nenhuma exclusividade nessa região. Enquanto tomávamos nosso delicioso cappuccino, Silvana falou de como Vicenza assimilou os vários momentos estilísticos da arquitetura. Como, não obstante os séculos que carrega às costas, ainda conserva tanta arte em escultura. Relevos nos portais e nas balaustradas permanecem como marcos da fé imperial, assinados por autores insignes, que a faz um patrimônio de cultura mundial.

– Vicenza não é apenas Palladio – completou Carlo, enquanto deixavamos o terraço. – Os séculos que construíram nossa elegante Vicenza estão na fantasia arquitetônica e na maestria de escultores que fizeram história.

Somente na estação do trem, já nos despedindo, retomamos a experiência do mosteiro. Foi quando Silvana perguntou:

– E agora, vamos encarar o cotidiano?

A provocação de Silvana viajou comigo para Roma, instalou-se em minha casa e, com certeza, vai ficar minha hóspede para sempre: encarar o cotidiano já era uma realidade.

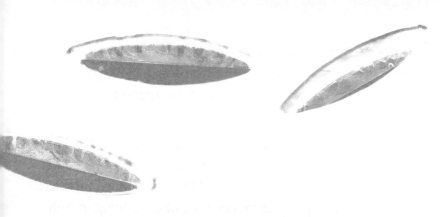

Epílogo

Roma abraçou-me com vestes primaveris. Por sorte, pois, no inverno, a grande, a eterna, a ostentosa cidade se torna depressiva. Você não vê olhinhos infantis, nem mesmo embrulhados em lã. Não vê os corpos esculturais dos impérios romanos, nem mesmo nos jovens atletas. Não vê desfile de modas, nem mesmo nas vitrines. Não vê peregrinos de joelhos, nem mesmo nas escadarias do Vaticano. No inverno, a imperiosa matrona dorme. Simplesmente dorme. Indiferente, deserta, fria, úmida, paquidérmica como uma grande tartaruga do Amazonas. Cabeça erguida, patas dianteiras em posição de ataque, olhos sedutores, carcaça inquebrantável, e tão inofensiva, tão solitária, que – apesar da espaçosa e firme herança que a cobre – provoca sentimento de melancolia em qualquer turista. Mas calma. Não me conteste... por favor, espere. Isto eu vi no inverno.

Na primavera, a cidade troca de veste e descortina sua diversidade. Torna-se a Roma de mil facetas. A Roma imperial, a republicana, a renascentista, a medieval, a modernosa (uma mistura de moderna com poderosa). Roma antiga e Roma moderna. Roma pagã e Roma cristã. Roma dos romanos e Roma dos turistas. Roma dos namorados e Roma dos devotos.

Na primavera, Roma é a cidade das emoções, das flores, das ruas enfeitadas de árvores abrindo-se como sombrinhas, de cor rosa, a dar inveja às elegantes cerejeiras japonesas. É a Roma dos parques verdes rendados de margaridinhas brancas convidando para abraços, de caminhos charmosos, secretos, cantinhos escondidos, de fontes murmurando, de pessoas cruzando ruas, subindo escadas, observando, namorando de mãos dadas, clicando com suas máquinas fotográficas. Fotógrafos cobram por fotos, ambulantes vendem lembrancinhas e, em alguma esquina, ainda se vende indulgências. Cheirinho de pão caseiro, massas, cappuccino... tudo para criar vínculo com os visitantes. Roma na primavera é envolvente, encantadora.

Foi nessa Roma primaveril que fui encontrar minha amiga no *Caffè della Pace* bem próximo à *Piazza Navona*.

Cristiane esperava-me no lugar e horário marcados. Caminhamos entre ruelas e bares, mesinhas ao ar livre debaixo de terraços floridos, mas sem parar. Fomos direto ao nosso destino. Entramos no *Caffè*, que parece nobre, elegante, poético, e Cristiane pergunta:

— *Cappuccino o gelato?*

— Esta linda tarde está mais para um *gelato*. Prefiro um *gelato* — confirmei.

— Sabores?

— Passas ao rum, é meu predileto.

Cristiane pediu um *gelato* de passas ao rum para mim e um *fior di latte* para ela.

Enquanto chegava o sorvete, Cristiane descreveu o lugar como um reduto de poetas e escritores.

– É aqui que muitos pensadores vêm buscar inspiração. Aqui também se confidenciam segredos e se resolvem paixões.

Percebia no olhar de Cristiane um mundo, um tsunami vindo à tona, mas ela desconversou, perguntando:

– Conte. Como foi sua experiência lá em Torreglia, que você chamou de repouso para o espírito?

– Ah! Fantástico. Indescritível... – disse eu, com os olhos marejados pelas boas lembranças.

Cristiane assentiu. Então deslizei... abri minha alma. Comecei com a surpresa que Dom Vittorio me fez ao me interpelar:

– Que fazes aqui?

E com a minha resposta que me surpreendeu tanto quanto a pergunta:

– Escuto o silêncio.

Cristiane sorria brandamente.

– Depois de sete dias observando tudo ao redor, pedra por pedra, folha por folha, formiga por formiga, sol, nuvem, água, deixei essa experiência convicta de que a natureza é o berço da vida e nela cada habitante narra sua história.

E continuei:

– Cada um deixa esta experiência com memórias diferentes, conforme foi capaz de ouvir e reter.

245

– Fantástico, sem dúvida – acrescentou Cristiane melancólica.

Então narrei sucintamente minha experiência naqueles sete dias.

Continuava a narrar minha jornada, mas Cristiane deixou de me escutar, interrompendo:

– Você percebeu que revisitou a narração bíblica, trazendo seu significado para o hoje, um significado transformador?

– É! É mesmo. Na verdade eu saí de lá outra pessoa. Meu olhar sobre o mundo, a vida, a ação de Deus no segredo de cada ser, mudou. Mudou para melhor.

Cristiane me escutava e bebia aos golinhos, gentilmente, minha narrativa. Eu continuei, mas, percebendo emoção em seus olhos, desviei o foco da conversa para ela.

– E o seu passeio? E Robert? Que novidades você me conta?

– Vem cá, de mulher pra mulher, não houve a serpente, o fruto proibido nesse seu paraíso?

– Não, não...

– Ah! – distraiu as lágrimas passando a mão nas pálpebras. – Talvez essa questão esteja mais na minha história.

O garçom nos trouxe os saborosos sorvetes decorados com cerejas ao licor.

Silêncio.

– Pois é. Eu precisava de uma decisão importante, sabe, Beatriz. Eu amo Robert, mas... Beatriz, ele é casado! Ele nunca vai deixar a família, seria muito triste... coisa que eu também não desejo para ninguém. Então, Beatriz, eu o deixei.

– Huhum... compreendo.

As luzes no bar acenderam-se, ressaltando antigos espelhos e a rústica arquitetura que dava ao ambiente um ar de aconchego e liberdade. Cristiane ficou mais iluminada.

– Sabe quando a gente percebe que o pior do momento é o melhor para todos? Eu o deixei, mas não permiti que ele pensasse em generosidade. Menti. Disse-lhe que não o amava mais.

Eu sabia. Abaixamos os olhos e nossos sorvetes haviam se tornado *milk-shakes*.

Brindamos à amizade, com as colheres apenas.

O rosto de Cristiane estava sereno e ela disse:

– Beatriz, voltando a você: já pensou em escrever seus sete dias nas colinas de Torreglia? Pense nisso.

Sorri. Apenas sorri, lembrando-me da pétala do bem-me-quer.

Impresso na gráfica da
Pia Sociedade Filhas de São Paulo
Via Raposo Tavares, km 19,145
05577-300 - São Paulo, SP - Brasil - 2018